네트워크마케팅,
스타트-업!

NETWORK MARKETING START-UP!

네트워크마케팅, 스타트-업!

이영권 지음

아름다운 사회
Beautiful Society

프롤로그
. . . .

우연한 기회에 네트워크 마케팅과 인연을 맺은 내
가 처음으로 강연을 시작한 시기는 새천년을 코앞에 둔
1999년이다. 그러고 보니 시간과 한바탕 추격전을 벌이
며 한 해 한 해 겹쳐진 세월이 벌써 12년을 지나고 있다.
처음에는 네트워크 마케팅이나 다단계라는 말조차 낯
설게 느껴졌던 탓에 별다른 애정을 갖지 못하고 강연에
임했던 것도 사실이다. 그저 '사람 사는 모습이 죄다 그

렇고 그렇지 뭐' 싶어서 내가 품고 있는 알량한 지식을 나눠주려는 것이 전부였다.

내가 간접적으로나마 네트워크 마케팅을 알게 된 것은 1983년경이다. 당시 미국에서 나와 거래를 하던 파트너 회사의 중역이 랠리에 나를 초대한 것이 계기가 되었다. 물론 내가 관심을 기울였던 것은 네트워크 마케팅의 랠리가 아니라 파트너 회사로부터 오더를 받아내는 일이었다. 한마디로 오더를 따내고 싶은 욕심에 그 중역에게 잘 보이고자 초대에 응했던 것이다.

처음 접해 본 랠리는 흥분의 도가니 그 자체였다. 하지만 나는 사람들이 왜 그토록 미친 듯이 소리를 지르고 흥분해서 성공을 외쳐 대는지 이해하지 못했다. 마음을 잿밥에 두고 그저 피상적으로 드러난 모습만 대충 훑어 보는 꼴이었으니 애초부터 이해를 기대하기는 글러먹은 일이었다. 편견 덩어리에 점령당한 나는 마음속으로 잔뜩 핀잔만 늘어놓았다.

'정말 미친 사람들 같네. 미국 같은 선진국에도 이렇게 정신 나간 사람들이 많구나. 대체 무엇을 위해 이렇게 모여서 고래고래 소리를 지르고 성공을 외치느라 난

NETWORK MARKETING *START-UP!*

리법석을 떠는 거지?'

　지금 생각하면 나의 편협함에 그저 쓴웃음밖에 나오지 않는다. 나의 무지몽매를 두들겨 깨뜨린 것은 바로 강연이었다. 처음엔 그다지 관심이 없었지만 강연을 하면 할수록, 그리고 네트워크 마케팅을 알면 알수록 내 생각은 빠른 속도로 변해 갔다. 네트워크 마케팅이 유통구조에 엄청난 회오리를 몰고 올 것이라는 예감이 들었기 때문이다. 무엇보다 네트워크 마케팅이 앞으로 더욱 크게 발전할 거라는 생각이 나의 뇌리에 선명하게 각인되기 시작했다.

　그런데 네트워크 마케팅의 매력에 점점 빠져들기 시작하면서 더불어 고민도 늘어났다. 실물 경제와 지식 사이의 괴리에 관심이 많은 학자로서, 또한 많은 사람들의 성공을 이끌어 주는 동기부여 강사로서 '어떻게 하면 보다 많은 사람들을 성공의 길로 이끌 수 있을까' 하는 고민을 하게 되었던 것이다. 그것도 2000년대의 유통업계를 이끌 네트워크 마케팅 사업을 통해서 말이다.

　내가 연구 방법의 일환으로 선택한 것은 '어울림' 이었다. 주변 사람들과 멘티들 중에서 네트워크 마케팅 사업을 하는 사람들을 찾아 현장과 이론을 동시에 연구할 계획이었기 때문이다. 사람들은 내 연구에 깊은 관심을 보였고 동시에 여러 가지 자료와 경험담을 들려주었다. 그렇게 객관적, 주관적 자료와 실례를 찾아 연구한 것이 어느덧 6년 가까이 되었다.

일단 총론적인 입장에서 다양한 자료를 수집한 다음 그것을 각론으로 세분화해 좀 더 파고들어갈 계획이었다. 이에 따라 먼저 국내외의 대표적인 네트워크 마케팅 회사별로 몇 개의 파일로트 그룹(실험 그룹)을 선별했다. 그 뒤 무료 강연이나 그룹 미팅 참관, 그리고 직접적인 대화를 통해 연구의 깊이를 더해 갔다. 사업상의 어려운 점은 무엇인지, 어떤 방법으로 성공할 수 있었는지, 새롭게 사업을 시작하는 사람들에게 조언하고 싶은 것이 무엇인지 등을 구체적으로 인터뷰했던 것이다.

지금까지의 연구 결과는 무척 놀라웠다. 물론 내 연구가 이것으로 끝난 것은 아니지만 적어도 기본적인 틀에서만큼은 모호성을 날려 버릴 수 있었다. 사업자들의 실패 요인과 성공 요소를 보다 정확히 파악할 수 있었다는 얘기다. 최소한 같은 실수를 저지르지만 않아도, 혹은 옳지 않은 방향으로 나아가지만 않아도 시간과 노력 낭비를 막을 수 있겠다는 생각이 들었다. 그런 아까운 정보를 나 혼자 슬쩍 감춰 두고 있을 수는 없지 않은가. 그래서 이 책이 나오게 된 것이다.

가끔 나는 이런 질문을 받는다.

"박사님은 네트워크 마케팅 사업도 하지 않으면서 어떻게 그토록 사업자들의 애환을 잘 이해하세요?"

세상일이라는 게 꼭 해봐야만 아는 것인가? 그렇지 않다. 환자의 맹장을 수술하는 의사가 자신의 맹장을 떼어 낸 경험이 있어야만 그 일을 할 수 있는 것은 아니지 않은가. 장기판 앞에서는 장기를 두는 두 사람보다 오히려 훈수를 두는 사람이 더 넓고 깊게 볼 줄 아는 법이다.

나에게는 SK그룹 내에서 26년간 사업을 펼친 경험과 네트워크 마케팅 사업을 오랫동안 연구해 왔다는 강점이 있다. 이를 통해 비록 직접적으로 사업을 해본 것은 아니지만 아니, 오히려 그렇기 때문에 더욱더 객관적으로 네트워크 마케팅을 말할 수 있다고 확신한다. 나처럼 멀찌감치 서서 오랫동안 주시해 온 사람은 편견을 뚝뚝 떼어 내고 있는 그대로의 현실과 진실을 보여 줄 수 있다는 말이다.

보이는 만큼만 보고, 들리는 만큼만 들으면서 마치 그것이 전부인 것처럼 생각하지 않았으면 좋겠다. 21세기가 던져 주는 기회는 그야말로 무궁무진하고 그중에서도 군침이 돌 만큼 매력적인 사업기회를 안겨 주는 것이 바로 네트워크 마케팅 사업이다.

이 책이 네트워크 마케팅 사업을 시작하려는 사람이나 사업을 진행 중인 사람들에게 성공을 위한 내비게이션의 역할을 해주었으면 하는 바람이다.

2010년 8월 22일 서재에서

Contents 차례

좋은 점과
아쉬운 점 짚어보기

NETWORK
MARKETING
START-UP!

제 1 장
좋은 점과 아쉬운 점 짚어보기

NETWORK MARKETING *START-UP!*

보고 또 봐도 답은 하나다

이젠 일상적인 일이 되어 버렸지만 그래도 경제 위기, 취업 불안, 고용 구조 변화 등의 얘기만 나오면 여전히 심장이 쿵 내려앉는 느낌이다. 식물처럼 먹는 문제를 제 몸에서 스스로 해결할 수만 있다면 까짓 뉴스에서 뭐라고 떠들거나 말거나 내 밥, 내가 만들어 먹으면 그만일 텐데 죽었다 깨어나도 우리는 그렇게 살아갈 수가 없다. 그러니 내가 현재 하고 있는 일을 평생 할 수 있는지, 미

제1장. 좋은 점과 아쉬운 점 짚어보기 **15**

래가 확실한 일인지 궁금증이 일어나는 것은 당연하다.

이 땅의 청소년들은 문화생활, 취미생활, 심지어 호기심과 수면까지 차압을 당하면서 코피 터지게 기를 써야만 그럭저럭 명함을 내밀 만한 대학에 들어갈 수 있다. 그런데 그게 고작 1차 관문이란다. 대학에 들어가기가 무섭게 스펙을 쌓으려 안간힘을 다해야 콧구멍만큼 열려 있는 입사 관문을 통과할 수 있기 때문이다. 여기까지는 그러려니 할 수도 있지만 안타깝게도 이게 끝이 아니다.

사회생활이라는 진짜 전투가 시작되는 순간, 부푼 기대감과 더불어 온갖 회의감이 물밀듯이 밀려온다. 주변 사람들은 '세상에, 그 직장을 어떻게 들어간 건데' 하면서 입맛을 다시지만 본인의 입장은 충분히 다를 수 있다.

어떤 일이든 겉으로 볼 때와 내가 직접 뛰어들어 경험하는 것은 달라도 한참 다르다. 그래서 그런지 그 누구보다 사회 초년생들이 유별나게 많이 방황한다. 한 취업 전문 사이트의 자료를 보면 대졸 취업자 열 명 가운데 여덟 명이 현재 취업한 직장에 만족하지 못하고 이직을 원하는 것으로 나타났다. 엄청난 실업률을 넘어뜨리고 취업에 성공한 사람 중 약 80퍼센트가 이직을 고려한다는 얘기다.

이는 곧 사회에 첫발을 내디딘 취업 초보자가 평생직장에 대해 별다른 기대감이 없음을 의미한다. 하긴 공무원, 교사 등 극히 일부 직종을 제외하면 평생직장의 룰 (rule)은 이미 물 건너간 구시대의 유물에 불과하다.

사실 70, 80년대의 고도성장기에는 발에 걸리는 게 일자리였다. 더구나 본인이 싫다고 내동댕이치지 않는 한 굳건한 철밥통처럼 평생직장이 보장되었다. 그러나 이제는 평생직장은 언감생심 꿈도 꾸지 못할 일이 되어 버렸고, 평생직업이라는 개념을 발 빠르게 흡수해 자신의 가치를 지속적으로 업그레이드하지 않으면 순식간에 팽당하고 만다.

이러한 현실을 보면서 이제는 우리가 최소한 두 가지 점에서 인식을 바꿔야 하지 않을까 하는 생각이 든다. 첫째, '졸업-취직'을 당연시하는 고착화된 인식에서 벗어나 '졸업-자기사업'으로 사고의 범위를 넓혀야 한다. '부자'가 되는 것은 대다수의 꿈이지만 직장생활로는 부자가 되기 어렵다. 다시 말해 부자가 되고 싶다면 사업을 해야 한다.

사업에는 동물적 감각이 필요하기 때문에 그러한 감각이 살아 있는 젊은 시절에 사업을 시작하면 한결 유리하다. 실제로 마이크로소프트의 창업자 빌 게이츠와 투자의 귀재 워런 버핏은 열아홉 살에 자기사업을 시작했다. 요즘 젊은이들에게 열렬히 추앙을 받고 있는 애플의 스티브 잡스는 스물한 살에, 그리고 월마트의 샘 월튼은 스물일곱 살에 자기 일에 뛰어들었다. 멀리 볼 것 없이 한국의 간판스타 삼성, 현대, LG의 대기업 창업자들은 모두 청년기에 사업을 시작했다.

일반적으로 볼 때는 돈과 인맥, 경험을 어느 정도 쌓은 중장년이 되어 사업을 시작하는 것이 맞는 것 같지만 현실이 보여 주는 성공사례는 그렇지 않다. 나라를 불문하고 대성한 사업가들은 서른 살 이전에 창업한 경우가 압도적으로 많다.

둘째, 불가피한 퇴직을 또 다른 출발점이자 제2의 인생을 준비할 수 있는 계기로 받아들인다. 누군가가 "난 평생 동안 현재의 직장에 다닐 거야." 하고 말하면 혹시 외계인이 아닌가 싶어서 다시 쳐다볼지도 모른다. 이제는 나이를 불문하고 퇴직이 일상적으로 일어나고 있다.

따라서 '퇴직은 곧 내 인생을 재설계하는 순간'이라는 새로운 인식이 필요하다.

이 시대를 살아가는 사람들은 대부분 미래의 불확실성에 대해 불안감을 안고 있다. 그러한 불안 요소가 나와 내 가정에 닥치지 않을 거라고 장담할 수 있는 사람은 거의 없다. 따라서 그 불안 요소를 제거하기 위한 안전망이 필요하다. 행복은 심리적 고요와 경제적 안정 속에 있는 법이다. 순서를 바꾸긴 했지만 내가 더욱 강조하고 싶은 것은 바로 경제적 안정이다. 한 번이라도 돈 걱정을 해본 사람이라면 이 말이 무엇을 의미하는지 다 알 것이다.

어쨌든 현재의 경제적 안정, 즉 행복을 침몰시키지 않고 나아가 미래의 안전까지 담보할 촘촘한 안전망을 짜야 하는데 그게 말처럼 쉽지가 않다. 현실을 돌아볼 때 현재 쥐고 있는 밥숟갈을 온전히 붙잡고 있는 것만으로도 헉헉 대는 사람이 더 많은 실정이다. 그렇다면 지금의 경제적 안정을 유지하는 동시에 미래의 안정까지 설계할 수 있는 방법이 없을까? 이런 고민을 하는 사람을 위해 내가 권하고 싶은 것이 바로 네트워크 마케팅 사업

NETWORK MARKETING START-UP!

이다. 내가 이 사업을 자신 있게 권하는 이유는 그만큼 따져 보고 지켜보고 연구했기 때문이다.

그러면 내 연구를 토대로 네트워크 마케팅 사업의 좋은 점과 보완이 필요한 아쉬운 점을 살펴보기로 하자. 물론 나는 최대한 객관적인 시선에서 내린 결론을 보여 줄 뿐이며 판단은 어디까지나 개개인의 몫이다.

사업의 매력을 더해 주는
좋은 점

사업을 염두에 둘 때 사람들이 가장 크게 고민하는 것이 바로 자금이다. 위기관리나 성공 가능성은 그 다음의 문제다. 당장 돈이 없으면 사업을 꿈꾸는 것은 그저 몽상에 불과하기 때문이다. 그런데 그 몽상을 살아 있는 꿈으로 부활시키는 사업이 존재한다면? 더구나 리스크 부담이 거의 없고 성공 가능성이 타인이 아니라 철저하게 자기 손에 달려 있다면?

이 정도만으로도 군침이 확 도는가? 그러면 내 연구

결과에 좀 더 관심을 기울여 보라. 먼저 네트워크 마케팅 사업의 좋은 점을 살펴보자.

첫째, 네트워크 마케팅 사업은 일반적인 의미의 사업 자금이 필요치 않다.

자기사업을 하려고 할 때 가장 먼저 목에 걸리는 문제가 '돈'이라는 것은 누구나 알고 있다. 실제로 자본이 풍부한 사람은 사업기회에 대한 선택폭이 상당히 넓다. 자본주의 사회에서 돈 많은 사람이 뛰어들지 못할 일이 얼마나 되겠는가. 자본이 넉넉하면 대규모 회사를 차려 수많은 종업원을 거느리는 것은 물론 자가용 비행기를 타고 다니며 얼마든지 거들먹거릴 수 있다.

하지만 대다수 사람들은 자기 자본이 아주 적거나 거의 없는 생활자이다. 설사 오랫동안 직장생활을 하고 난 뒤에 퇴직을 했더라도 남는 것은 별로 없다. 아이들 키우느라 교육비에 휘어지다가 잘 해야 집 한 채를 건질 뿐 노후를 대비할 수 있을 만큼 여유자금이 있는 사람은 극소수에 불과하다. 따라서 별다른 자본금 없이 사업을 시작할 수 있다는 것은 엄청난 매력이다. 물론 사람들을 만나고 정보를 찾다 보면 교통비나 커피값, 밥값은

들겠지만 그걸 두고 어떻게 사업자금이라고 말할 수 있 겠는가.

둘째, 점포 없이 사업을 진행할 수 있다.

점포를 내지 않으면 무엇보다 종업원을 둘 필요가 없 어 인건비 부담이 없다. 여기에 임대료가 나가지 않고 전기세, 수도세 등 점포 유지비가 들어갈 일도 없다. 사 업을 할 때 점포 임대료가 차지하는 비중이 얼마나 큰지 아는 사람이라면 점포 없이 사업을 할 수 있다는 매력에 푹 빠질지도 모른다.

셋째, 학벌, 경력, 경험이 없어도 성인이면 누구나 할 수 있다.

아이가 말을 배우자마자 부모들이 이런저런 교육 기 회로 뺑뺑이를 돌리는 이유는 그것이 남보다 잘 먹고 잘 사는 길이라고 생각하기 때문이다. 대다수의 사람이 잘 먹고 잘살려면 '일류대-좋은 기업'이라는 테두리 안에 들어가야 한다고 생각한다. 물론 이러한 의식은 현실을 반영한 것이다. 실제로 남보다 돈을 좀 더 벌려고 하거 나 남들이 그럭저럭 알아주는 직장에 들어가고자 하면 가장 먼저 '학벌'이라는 괴물이 발목을 잡는다. 그제야

'학교에 다닐 때 공부를 좀 더 열심히 할 걸' 하고 후회해 봐야 아무런 소용이 없다.

하지만 네트워크 마케팅 사업은 학벌 콤플렉스를 단칼에 잘라버린다. 아무리 외국에서 날고 기는 학위를 받았더라도 네트워크 마케팅 사업을 할 때는 다시 처음부터 한 걸음씩 밟아나가야 한다. 학벌이 없어도, 쫄딱 망해 돈 한 푼 없어도, 사회 경험이라고는 달랑 이력서 한 장 쓴 것이 전부일지라도 아무런 걱정을 할 필요가 없다. 네트워크 마케팅 사업은 누구에게나 공평한 기회를 주기 때문이다.

넷째, 현재 하는 일과 병행해서 사이드잡, 더블잡으로 사업을 진행할 수 있다.

어떤 새로운 일을 하려고 하면 대개는 현재 하는 일을 그만두고 다시 시작해야 한다는 문제에 봉착하게 된다. 하지만 네트워크 마케팅 사업의 경우에는 사정이 다르다. 현재 하고 있는 일을 계속 진행하면서 네트워크 마케팅 사업을 통해 미래를 준비할 수 있기 때문이다. 현재를 유지하는 동시에 미래를 대비하는 일종의 인생 보험인 셈이다.

다섯째, 사업 네트워크를 자녀에게 유산으로 물려줄 수 있다.

네트워크 마케팅 회사마다 약간씩 차이가 있긴 하지만 사후에 자신의 사업권이 자녀에게 자동으로 승계되는 것은 상당히 매력적인 시스템이다. 특히 자기사업을 원하는 자녀가 탄탄한 네트워크가 닦인 사업권을 넘겨받으면 훨씬 유리한 상황에서 사업을 진행할 수 있다. 나는 어느 네트워크 마케팅 회사에서 3대째 사업을 이어오는 사례를 직접 보기도 했다. 일반 사업체와 마찬가지로 자신이 열심히 일군 사업 네트워크를 자녀에게 유산으로 물려주는 것은 커다란 장점이다.

여섯째, 물통 사업이 아니라 파이프라인 사업이다.

네트워크 마케팅 사업에서는 일단 네트워크를 구축하면 자신이 외국에 나가 있든 몇 개월을 쉬든 파이프라인을 통해 수입이 지속적으로 들어온다. 반면 직장생활이나 일반적인 사업처럼 물통 사업을 할 경우에는 자신이 열심히 물통을 나르지 않으면 수입이 없다. 쉽게 말해 파이프라인 사업은 음반을 내거나 책을 펴내고 인세를 받는 것처럼 일정 단계까지만 노력하면 이후에는 별다른 노력 없이도 수입이 꾸준히 들어오는 것을 말한다. 파이프라인 사업에서 얻는 수입을 두고 권리 수입 혹은 시스템적 수입이라고 부르는 이유도 여기에 있다.

반대로 물통 사업은 직장생활과 마찬가지로 자신이 계속해서 일하지 않으면 수입이 뚝 끊겨 버린다. 세상의 거의 모든 직업은 물통 사업이고 탓에 수많은 사람이 다람쥐 쳇바퀴 돌듯 일에 매달리면서도 여전히 경제적으로 허덕이고 있다.

일곱째, 여성이 참여하기가 아주 쉽다.

알고 있다시피 여성들이 육아 부담에 대한 걱정 없이 자유롭게 활동할 수 있는 직업은 거의 없다. 아이들을 곁에서 돌보는 동시에 일도 할 수 있는 직업이 거의 없다는 얘기다. 오히려 육아에 신경을 쓰느라 일을 제대로 하지 못하는 상황에 빠지는 경우가 많다. 그러나 네트워크 마케팅 사업의 경우에는 시간 활용이 자유롭기 때문에 재택근무는 물론, 아이들을 돌보면서 일하는 것도 가능하다.

네트워크 마케팅 사업에서 여성이 누릴 수 있는 이점은 또 있다. 그것은 정통 네트워크 마케팅 회사의 경쟁

력이 주로 화장품과 통신, 건강보조식품 같은 생활용품
에서 나온다는 사실이다. 여성들은 대인관계에 보다 능
숙하다는 장점에다 자신들이 잘 아는 생활용품을 통해
사업을 전개할 수 있다는 장점이 얹어져 상당히 유리한
고지를 점유할 수 있다.

여덟째, 평생직업이 될 수 있다.

세계에서 가장 빠른 속도로 고령화 시대를 맞고 있는
우리의 입장에서 나이에 상관없이 자신이 원하는 시점
까지 일할 수 있다는 것은 엄청난 특권이다. 은퇴 시기
는 갈수록 짧아지고 반대로 평균수명은 갈수록 증가하
고 있기 때문에 수입 없이 보내야 하는 시간은 더욱 늘어
나고 있다. 이 시기를 구차하게 보내지 않으려면 젊었을
때 미리 노후를 대비하거나 은퇴 없이 일할 수 있는 일을
찾아야 한다. 설사 젊은 시절에 노후를 대비했을지라도
일을 계속하는 것은 신체적, 정신적 건강을 위해 바람직
한 일이다. 특히 그 일이 시간에 구애받지 않고 건강이
허락하는 한도 내에서 자유롭게 할 수 있는 일이라면 더
욱더 그렇다.

아홉째, 사업상의 모든 업무 처리는 본사가 해주고 네

트워커는 사업 활동에만 전념할 수 있다.

일반적인 사업에서 사업자들은 흔히 아침 일찍부터 저녁 늦게까지 일한다. 심지어 밥도 제때에 먹지 못하면서 이런저런 일에 치인다. 작은 점포를 하나 운영하더라도 세무 관리, 회계 처리, 종업원 관리 등 모든 것에 신경을 써야 하는 것이다. 하지만 네트워크 마케팅 사업자는 결코 이런 일에 신경 쓸 일이 없다. 사업 활동 이외의 경영 활동은 모두 본사가 알아서 해주기 때문에 관리 업무에 시간을 빼앗길 일도 없고 특별히 경영지식을 쌓을 필요도 없다.

열 번째, 시간, 목표량, 활동 범위에 얽매이지 않는다.

다시 한 번 강조하지만 네트워크 마케팅 사업은 자기 사업이다. 자신이 사업의 주인이라는 얘기다. 자기사업에서는 상사의 눈치를 볼 일도 없고 타인의 스케줄에 맞춰 일을 진행할 이유도 없다. 네트워크 마케팅 사업에서는 모든 일을 자유롭게 결정할 수 있기 때문에 하루의 스케줄을 마음대로 조정해서 활동할 수 있다.

사업을 어렵게 만드는
아쉬운 점

세상에 존재하는 모든 것은 장점과 단점을 동시에 지니고 있다. 사람, 상황, 물건, 그리고 사업도 마찬가지다. 다행히 네트워크 마케팅 사업은 아쉽고 모자란 점보다 좋은 점이 훨씬 많다. 그러므로 부정적으로 안 되는 쪽, 힘든 쪽을 먼저 볼 것이 아니라 긍정적인 자세로 좋은 점을 우선시하고 아쉬운 점을 보완해 나갈 방법을 찾는 것이 바람직하다.

그러면 탄생 이후 지금까지 엄청난 속도로 꾸준히 성장해 온 네트워크 마케팅 사업에 어떤 아쉬운 점이 있는지 살펴보자. 한마디 덧붙이고 싶은 것은 이것이 정말로 네트워크 마케팅의 문제점 혹은 단점인지 곰곰이 생각해 보았으면 한다는 점이다. 어찌 보면 사람들의 욕심이나 괜한 편견이 만들어 낸 문제에 불과할 수도 있기 때문이다.

첫째, 단기적으로 이익이 시원하게 발생하지 않는다. 회사마다 차이는 있지만 정통 네트워크 마케팅 회사의 경우, 초보 사업자들이 단기간 내에 큰돈을 벌기가 쉽지 않게 되어 있다. 한마디로 거저먹으려 하거나 요행을 바라는 심리가 발붙이기 어렵다는 얘기다. 시스템 자체가 착실하게 단계를 밟아가면서 토대를 쌓아 노력한 만큼 벌 수 있는 구조로 되어 있기 때문이다. 탓에 사람들이 커다란 기대를 안고 사업을 시작했다가 포기하는 경우를 종종 볼 수 있다.

사실 이것은 네트워크 마케팅 사업 그 자체의 문제점이라기보다 시스템을 이해하지 못하고 지나치게 높은 목표를 세웠거나 욕심을 부린 까닭에 불거지는 문제라고 할 수도 있다. 착실히 시스템을 따라 이런 문제를 가뿐히 뛰어넘은 사람들이 숱하게 많다는 사실이 이를 증명한다.

둘째, 편견의 뿌리가 무척 깊다.

지금까지 네트워크 마케팅 사업은 전 세계적으로 꾸준한 성장세를 보여 왔다. 그런데 이상하게도 이 사업에 대한 사람들의 편견은 쉽게 사라지지 않는다. 물론 초창기보다 많이 나아지긴 했지만 네트워크 마케팅 사업자(네트워커)를 바라보는 곱지 않은 시선은 여전히 부담으로 작용하고 있다. 이는 초기의 시행착오에서 비롯된 좋지 않은 이미지나 시스템을 악용하는 일부 악덕업자의 그릇된 행동이 아직도 남아 있기 때문이다.

그러나 이런 문제가 꼭 네트워크 마케팅 사업에서만 벌어지는 것은 아니다. 어떤 분야, 어떤 사업에서든 잘못된 행동을 하는 사람은 꼭 있게 마련이다. 그 몇몇 사람의 문제를 두고 전체를 싸잡아서 비난하는 것은 옳지 않다. 물론 갈수록 각 분야의 전문가들이 나서서 정통 네트워크 마케팅 사업을 옹호하고 나아가 올바른 이해를 돕기 위한 발언을 쏟아내면서 긍정적인 인식이 확산되고 있는 추세다.

셋째, 가족의 강력한 저항이 있을 수 있다.

가족은 내가 가장 사랑하는 존재인 동시에 나를 가장 잘 알고 있기에 내 일에 끊임없이 관심을 보인다. 문제는 한때 불법 피라미드나 불법 다단계 판매회사들이 사회적으로 커다란 물의를 일으키면서 사람들에게 나쁜 이미지를 심어 놓은 탓에 네트워크 마케팅 사업마저 도매금으로 넘어가는 현실에 있다. 따라서 네트워크 마케팅 사업의 장단점을 꼼꼼히 체크하고 각종 정보를 분석한 다음 열심히 해볼 계획을 세웠어도 가족의 반대에 부딪히는 경우가 많다.

타인의 반대는 그러려니 하고 넘어갈 수도 있지만 가족이 반대를 하면 심리적으로 큰 상처를 받게 된다. 특히 자신을 충분히 이해해 줄 거라고 믿었던 경우에는 더욱더 그렇다. 이 경우 특효약은 꾸준히 노력해서 자신이 성장해 나가는 모습을 직접 보여주는 것이다. 백 마디 말보다 작으나마 일정한 성과물이 더 큰 영향력을 발휘하는 법이다.

자기 일에 떳떳하고 당당한 사람은 결코 말만 앞세우지 않는다. 그들은 몸으로 부딪혀 일정한 결과를 낸다. 하긴 그것이 삶을 살아가는 올바른 자세라고 할 수 있다. 우리는 '말'을 먹고사는 것이 아니라 '결과'를 먹고 살기 때문이다.

어쨌든 사회가 빠른 속도로 변화하고 경제 수준이 업그레이드되면서 네트워크 마케팅에 대한 사회적 인식이 많이 개선되고 있다. 그러므로 정통 네트워크 마케팅 회사는 이 고무적인 현실에 자긍심을 가지고 당당하게 사업을 펼쳐 나가는 것이 바람직하다.

제 2 장

얼마나 오래되었고
얼마나 더 갈까?

NETWORK MARKETING START-UP!

제2장 | 얼마나 오래되었고
얼마나 더 갈까?

NETWORK MARKETING START-UP!

네트워크 마케팅의 고향은 선진국!

1) 세계 최초로 네트워크 마케팅이 시작된 곳

세계에서 처음으로 네트워크 마케팅을 시작한 회사는
미국의 뉴트리라이트이다. 이 회사는 1934년에 '캘리포
니아비타민'으로 창업했는데, 1939년에 회사명을 바꾸
면서 네트워크 마케팅의 원조가 된 판매 방식을 채택했
다. 우리에게 그다지 알려지지는 않았지만 이 회사와 거

의 동시에 네트워크 마케팅을 채택한 또 다른 회사가 있는데, 그들은 바로 스와이프(현 네이처게어)사이다.

그로부터 20년 후인 1960년경에 네트워크 마케팅 시스템을 채택하는 회사는 200개로 늘어났다. 불모지나 다름없던 상황에서 20년 만에 엄청난 비율로 증가한 것이다. 네트워크 마케팅은 현재 미국과 경제 상황이 비슷한 캐나다와 유럽 각국, 그리고 개발도상국을 탈피한 일본 및 아시아 여러 나라 등 전 세계 50개 나라 이상에서 커다란 인기를 끌고 있다.

2) 성장 속도에서 타의 추종을 불허하는 일본

▶ 상륙기(1963년~1970년)

미국계 '타파웨어' 라는 가정용 밀폐 용기 회사의 진출로부터 시작되었다.

▶ 불법 피라미드의 대두와 방문판매법의 제정

(1971년~1976년)

네트워크 마케팅의 확산과 더불어 보다 악질적인 불법 피라미드/다단계가 판을 치기 시작했다. 이들이 사회적으로 물의를 일으키면서 피해가 속출하자 일본 정부는 방문판매법을 제정했다.

▶ **불법 피라미드의 전성기(1967년~1979년)**
정통 네트워크 마케팅을 모방하는 불법 피라미드 회사들이 난립하면서 피해자가 속출했다.

▶ **정통 네트워크 마케팅 회사의 개업과 번성기**
(1975년~1980년)
일본의 주요 정통 네트워크 마케팅 회사들과 미국계 정통 네트워크 마케팅 회사들이 대거 일본에 진출해 빠른 속도로 성장해 나갔다.

▶ **네트워크 마케팅 사업의 번성과 또 다른 혼란기**
(1980년~1986년)
정통 네트워크 마케팅 회사들이 번성하자 또다시 불법 피라미드 회사들이 난립하면서 사회적으로 여러 가지 문제가 불거져 혼란을 불러일으켰다.

▶ **정체기(1988년~1993년)**

많은 불법 피라미드 회사들이 적발되어 문을 닫게 되면서 부정적 인식을 확산시키는 바람에 정통 네트워크 마케팅 회사들마저 타격을 받게 되었다.

▶ **3차 번성기(1993년~1999년)**

정통 네트워크 마케팅 회사들의 약진과 더불어 제3차 방문판매법 개정에 힘입어 3차 번성기가 찾아왔다.

▶ **안정적 발전기(2000년 이후~현재)**

비록 지난한 세월을 견뎌야 했지만 현재 네트워크 마케팅 업계는 일본에서 안정적으로 발전을 구가하고 있다.

* 마키노 노부로의 《네트워크 마케팅》에서 발췌 정리함
(2002년, 드림빌더스 출간)

이젠 우리도 선진국 레벨이다

네트워크 마케팅 사업은 '선진국형 사업', 즉 선진국에서 꽃을 피우는 사업이다. 여기에는 그럴 만한 이유가 있다. 네트워크 마케팅은 기존의 유통구조와 달리 소비자들의 현명한 소비를 이끌고 더불어 살아가는 삶의 방식을 추구한다.

그런데 네트워크 마케팅의 이러한 사업 철학이 뿌리를 내리려면 사회가 투명한 것은 물론 제품 경쟁력이 높고 중간 유통마진을 줄이려는 현명한 소비자들이 많아야 한다. 기본적으로 사회적, 경제적, 의식적인 수준이 네트워크 마케팅의 혁신적인 시스템을 수용할 정도가 되어야 사업이 활기를 띠는 것이다.

우리가 이미 경험했거나 지금도 부분적으로 경험하고 있듯이 후진국일수록 유통구조가 복잡하고 유통되는 제품들의 공공성이 떨어져 짝퉁 제품들이 판을 친다. 짝퉁 제품처럼 비정상적인 것이 정상적인 것을 잠식할 경우, 혹은 겉만 그럴싸하게 모방해 질 좋은 제품의 유통 없이 유혹적인 시스템으로 사업을 진행하는 부실한 회사들이 난립할 경우, 결국 그 피해는 고스란히 사업자 혹은 소비자가 떠안게 된다.

이를 증명하듯 네트워크 마케팅 사업은 선진국일수록, 또한 경쟁력 있는 공인된 제품만 유통되는 투명한 사회일수록 소비자들로부터 듬뿍 신뢰를 얻어 빠르게 정착한다. 물론 수십 년 전에는 선진국에서도 엉터리 회사들이 판을 치는 사례가 많았지만 사회가 선진화되고 맑게 정화되면서 오늘날 불법 피라미드 회사들은 거의 설자리를 잃고 있다.

그렇다면 대한민국은 지금 어떤 상황에 놓여 있을까? 아직까지 사회가 깨끗하게 정화되었다고 장담하긴 어렵다. 그것은 잊을 만하면 불법 피라미드가 문제를 일으켰다는 기사가 사회면을 장식하는 현실에서 찾아볼 수 있다. 실제로 한국 시장에서는 아직도 불법 피라미드나 불법 다단계 회사들이 생겼다가 없어지는 상황이 이어지고 있다.

그렇기 때문에 더욱더 두 눈 부릅뜨고 정통 네트워크 마케팅 회사의 조건을 갖추고 있는지 꼼꼼히 확인해야 한다. 그것이 정통 네트워크 마케팅 사업을 더욱 활성화해 많은 사람에게 혜택이 돌아가도록 하는 동시에 자기 자신과 가정의 미래를 담보할 자기사업을 성공적으로 수행하는 기본자세이기 때문이다.

1,000년의 역사도 군침을 흘리는 비전

경제 역사를 살펴보면 사업체라는 것은 마치 생명체처럼 살아 움직이는 존재라는 것을 알 수 있다. 개중에는 1,000년의 수명을 자랑하며 떡 버티고 있는 사업체도 있지만 문을 열기는 했나 싶을 만큼 짧은 시간 안에 제 생명을 다하고 마는 사업체도 있다. 그 이유를 따지고 들자면 한도 끝도 없을 테지만 여기서 하고 싶은 얘기는 그것이 아니므로 굳이 깊이 들어가지 않겠다.

중요한 것은 우리가 지금 관심을 집중하고 있는 네트워크 마케팅은 태어난 지 오래되지 않은 풋풋한 생명이라는 데 있다. 더구나 그 시스템은 1,000년 이상을 버텨온 기업조차 기웃거리며 마케팅 비법을 알아내고 싶어

할 만큼 탄탄하다.

어쨌든 기업이 세상에 태어나면 4단계의 과정을 거치면서 생명을 유지해 나간다. 1단계는 도입기이자 발전기다. 그다지 세상의 주목을 받지는 못하지만 화려한 미래를 꿈꾸며 파릇파릇 돋아나는 시기라고 할 수 있다. 2단계는 성장기 및 팽창기다. 점점 줄기를 뻗어 올리면서 가지를 넓히고 무성한 잎을 자랑하는 시기다. 3단계는 성숙기다. 가장 아름답게 물이 오른 시기라고 할 수 있다. 마치 세상을 지배하기라도 하듯 호령하는 시기다. 마지막으로 4단계는 서서히 기울어가는 쇠퇴기다.

그렇다면 네트워크 마케팅 사업은 지금 어느 단계에 와 있을까? 미국의 경우에는 이미 성숙기를 구가하고 있다. 그들은 네트워크 마케팅 사업이 안겨 주는 풍요로움과 시스템적 이점을 충분히 누리고 있다. 한국의 경우는 어떨까? 어디까지나 내 판단이지만 1단계에서 2단계로 접어들고 있다. 어쩌면 그렇기 때문에 더욱더 가능성이 풍부하다고 할 수 있다.

네트워크 마케팅 사업에서 1단계란 어떤 의미일까? 간단히 말해 불법 피라미드와 정통 네트워크 마케팅 회사가 혼재하면서 엎치락뒤치락 자리 잡기를 하는 기간이라고 보면 된다. 탓에 사람들은 많은 혼란을 느끼게 되지만 결국 불법은 사라지고 정통만 남게 마련이다. 2단계에 접어들면 많은 불법 피라미드 회사가 사라지고 정통 네트워크 마케팅 회사가 자리매김을 하게 된다.

이것은 갈수록 불법 피라미드로 인한 사회적 피해 사례가 줄어들고 있는 현실이 충분히 보여 주고 있다. 사실 얼마 전까지만 해도 불법 피라미드로 인한 피해를 파헤치는 뉴스나 기사가 심심치 않게 올라오곤 했다. 그럴 때마다 네트워크 마케팅 시장은 요동을 쳤고 탓에 정통 네트워크 마케팅을 채택한 회사까지 본의 아니게 피해를 입기도 했다.

아직 한국에서는 2단계가 확실히 열리지 않았다. 내가 볼 때 1인당 국민소득이 40,000달러, 즉 선진국 수준에 들어가는 2020년 이후나 2030년 무렵이면 2단계로 들어갈 것으로 예상된다. 물론 그 단계까지 진행되면 이후에는 **빠른** 속도로 성숙기를 향해 치달을 것이다.

성숙기가 지나면 쇠퇴기를 맞이하는 것은 자연스러운 현상이다. 그러면 쇠퇴기에 도달했을 때는 무조건 푹 쓰

러져야 하는 것일까? 그렇지 않다. 4단계 사이클은 한 번의 주기로 끝나는 것이 아니라 지속적으로 순환한다. 예를 들어 정통 네트워크 마케팅 회사들은 새롭게 강력한 신제품을 출시함으로써 새로운 1단계로의 진입을 시도하게 된다. 나아가 끊임없이 새로운 해외시장으로의 진출을 시도해 또 다른 1단계로 나아간다. 다시 말해 지속적으로 확대 재생산 노력을 기울이면서 회춘에 회춘을 거듭하는 것이다. 바로 이것이 1천 년, 2천 년을 버텨내는 기업들의 생존법이다.

결국 중요한 것은 사업적 비전과 철학이다. 기초가 탄탄하면 4단계 사이클을 순환하면서 지속적으로 성장해 나갈 수 있기 때문이다. 그러한 토대를 갖춘 비즈니스가 바로 네트워크 마케팅 사업이다.

누군가가 나에게 네트워크 마케팅 사업의 미래 비전을 한마디로 말해 달라고 한다면 나는 이렇게 대답할 것이다.

"밝은 미래를 향해 나아가는 한국이 선진국에 진입하면서 네트워크 마케팅 사업 역시 크게 성장기 및 발전기를 맞이하게 될 것이다!"

하지만 네트워크 마케팅과 더불어 미래의 성공을 담
보하기 위해서는 한 가지 조건을 충족시켜야 한다. 그것
은 불법과 합법을 정확히 가려 미래지향적인 정통 네트
워크 마케팅 회사를 선택해야 한다는 점이다.

안경 없이 제대로
사업하는 회사 찾기

NETWORK MARKETING START-UP!

제3장 | 안경 없이 제대로 사업하는 회사 찾기

네트워크 마케팅이 대체 뭐야?

'네트워크 마케팅'은 원래 MLM (multi-level marketing, 다단계 마케팅)이라는 용어에서 파생된 것으로, 21세기 들어 산업 고도화에 따른 정보통신 네트워크 콘셉트와 만나 새롭게 사용되기 시작했다. 이에 따라 기존의 정의와 뒤섞이면서 혼동을 불러일으키기도 하고 사람마다 그 정의를 다르게 내리는 통에 헷갈리는 경우도 있다.

그것은 나 역시 마찬가지였다. 이러한 폐단을 조금이

나마 덜어 볼 작정으로 다양한 서적을 연구했는데 그중에서 가장 가슴에 와 닿은 것은 일본 테크노 이코노미스트의 마키노 노부로가 내린 정의다.

"네트워크 마케팅은 고품질의 제품 판매를 통한 유통마진을 소비자에게 환원하는 것을 목적으로 한다. 이 시스템은 점포 없이 개인에게 제품을 판매하거나 혹은 중개에 관한 비즈니스에 참여를 권유하는 방식으로 사업이 진행된다. 즉, 자기 의지에 따라 행하는 상품 구입 및 매입을 포함해 방문판매 행위를 동반하는 소비자 참여형 비즈니스 중에서 네트워크 마케팅 방식의 보수 시스템을 도입한 판매 방식이다."

그러면 이 복잡한 정의를 좀 더 간단하게 정리해 보자.

▶ 네트워크 마케팅의 목적은 고품질의 제품 판매를 통해 유통마진을 소비자에게 환원하는 데 있다.

▶ 네트워크 마케팅 사업자는 점포 없이 개인에게 제품을 판매하거나 중개에 관한 비즈니스에 참여하기를 권유한다.

▶ 네트워크 마케팅 사업에서 개개인은 자신의 의지에
따라 상품을 구입한다.

▶ 네트워크 마케팅 사업은 중개를 포함한 방문판매 행위
를 동반하는 소비자 참여형 비즈니스다.

▶ 네트워크 마케팅 사업은 네트워크 마케팅 방식의 보수
시스템을 도입한 판매 방식이다.

이것을 역으로 따져 보면 정통과 불법의 구분이 확실
해진다. 대표적으로 고품질이 아닌 저품질의 상품을 유
통시키는 것, 점포가 없는 개인이 물건을 대량으로 구입
해 쌓아 놓는 것, 그리고 정통 보수 시스템이 아닌 방식
으로 운영하는 것은 정통 네트워크 마케팅 사업이라고
할 수 없다.

많은 국민에게 잘못된 인식을 심어 주는 불법 피라미
드 회사는 일반적으로 이러한 조건을 갖추고 있다. 즉,
정통 네트워크 마케팅 회사와 완전히 반대되는 방식으

로 사업을 전개하는 것이다. 만약 단 한 가지라도 불법적인 요소를 갖추고 있다면 당장 그곳을 빠져나와야 피해를 최소화할 수 있다.

무늬에 현혹되지 말고 속을 보라

네트워크 마케팅 사업자는 십중팔구 컨택(contact)을 통해 회사를 알게 된다. 이는 곧 비교 가능한 다른 회사가 있는 줄도 모르고 회사를 소개한 사람에게 이끌려 덥석 참여하는 경우가 대부분이라는 것을 의미한다. 탓에 한동안 열심히 일하다가 다른 회사가 있다는 것을 알게 되어 그제야 비교를 하는 경우가 허다하다.

수많은 사람들이 전화나 이메일을 통해 나에게 여러 가지 질문을 하는데, 그중에서 가장 많은 비중을 차지하는 것은 바로 이것이다.

"제가 사업을 하고 있는 회사가 올바른 회사입니까? 비전이 있는 회사입니까?"

이 질문에 대해 일일이 정확한 답을 주는 것은 정말

어려운 일이다. 처음부터 하나하나 세심하게 체크하고 분석을 해봐야 하기 때문이다. 가끔은 안타까운 상황에 놓인 사람들을 만나기도 하는데 그럴 때마다 애초부터 올바른 회사를 선택했다면 좋았을 걸 하는 아쉬운 마음이 든다. 만약 누군가가 올바른 회사를 선택하는 요령을 묻는다면 나는 다음의 조건을 따져 보라고 권하고 싶다.

첫째, 그 회사는 정통 네트워크 마케팅을 채택한 회사인가?

세상에는 무늬만 네트워크 마케팅을 표방할 뿐 실질적으로는 불법에 가까운 방식으로 사업을 진행하는 회사도 꽤 있다. 그러므로 주변의 여러 사람에게 물어보거나 전문가에게 자문을 구해 내면까지 속속들이 파악한 다음 선택해야 한다.

둘째, 그 회사의 신용도는 견실한 편인가?

신용도가 떨어지는 회사를 선택할 경우, 자칫 잘못하면 열심히 사업을 전개하는 도중에 회사가 문을 닫는 바람에 공중에 붕 떠버릴 수 있다. 사업자가 아무리 열심히 노력해도 회사가 부실해 뒷받침이 되지 않으면 결국 모든 것이 무너지고 만다. 그러므로 그 회사의 역사와

주주 현황, 투자자, 그리고 신용등급 등을 미리 점검해 황당한 일을 겪지 않도록 주의해야 한다.

셋째, 그 회사는 합법적인 활동을 하고 있는가?

그 회사가 합법적인지 아니면 불법적인지 알아내는 가장 확실한 방법은 특수/직접판매공제조합 등에 문의해서 확인하는 것이다. 당초 특수/직접판매공제조합 등이 시작될 무렵에는 수백여 개의 업체가 등록했지만 지금은 많이 정리되어 73개(2010년 현재) 기업만 활동하고 있다. 어쨌든 특수/직접판매공제조합 등에 알아보면 그 회사가 합법을 가장해 불법을 저지르고 있는 것은 아닌지 확인해 볼 수 있다.

넷째, 그 회사의 제품이 경쟁력을 갖추고 있는가?

네트워크 마케팅 사업에서 무엇보다 중요한 것은 제품 경쟁력에 따른 재구매율이다. 특히 네트워크 마케팅 회사는 주로 생활필수품을 취급하기 때문에 사업의 특성상 네트워크망을 통해 지속적으로 제품 이동이 발생해야 한다. 당연한 얘기지만 지속적인 제품 이동이 발생하려면 제품의 품질이 뛰어나 반복구매가 꾸준히 일어나야 한다. 시장에 유사 제품이 많이 나와 제품 경쟁력이 떨어지면 네트워커가 아무리 열심히 노력해도 성공 확률은 낮아질 수밖에 없다.

다섯째, 그 회사의 문화가 질적으로 우수한가?

비록 겉으로는 합법적인 회사로 포장되어 있지만 내부적인 분위기가 물건을 사재기하도록 유도하거나 핀업(Pin-up)을 지나치게 강조해 불필요한 경제적 손실을 떠안기는 문화가 팽배한 회사는 피해야 한다. 속담에 "친구 따라 강남 간다."는 말이 있는 것처럼 마음속으로는 결코 하고 싶지 않은 일도 분위기상 어쩔 수 없이 따라가는 경우가 생길 수도 있다. 그렇기 때문에 그 회사의 분위기, 흐름, 방향 등 추구하는 문화가 어떤지 반드시 확인해야 한다.

이처럼 다섯 가지 조건을 꼼꼼하게 체크했다면 마지막으로 경쟁 회사와 비교 검토해 볼 것을 권하고 싶다. 하다못해 볼펜 한 자루를 사더라도 인터넷 쇼핑몰 여기저기를 서핑하면서 비교 분석하게 마련인데, 자기사업을 꾸려갈 회사를 선택하면서 비교 분석을 하지 않는다는 것은 말이 안 된다. 왜냐하면 네트워크 마케팅 사업은 평생을 함께할 수 있는 일이기 때문이다. 그러므로 함께 비전을 세우고 같은 곳을 바라보며 인생을 함께 살아갈 동반자를 찾듯 세심한 노력을 기울여 회사를 선택해야 한다.

내가 이처럼 비교 분석을 강조하는 이유는 실제로 현장에 가보면 단순히 추천자의 말만 듣고 사업을 진행하다가 도중에 포기하는 바람에 노력과 시간을 허비하는 사람이 꽤 있기 때문이다. 더구나 이러한 경험을 한 사람은 자신이 편향적인 선택을 했다는 사실을 도외시한 채 편견에 사로잡혀 안티 사이트에 나쁜 글을 올리기도 한다. 즉, 객관성이 떨어지는 시각으로 부정적인 정보 바이러스를 퍼뜨리는 것이다.

제 **4** 장

더블이 좋을까?
싱글이 좋을까?

**NETWORK
MARKETING
START-UP!**

제4장

더블이 좋을까?
싱글이 좋을까?

네트워커는 프로다

현대인이 가장 흔히 접하는 것 몇 가지를 꼽으라고 하면 아마도 휴대전화, 컴퓨터, 자동차, 그리고 '프로가 돼라'는 굵은 소리일 것이다. 특히 밥그릇 싸움이 치열하게 전개되는 오늘날에는 '프로가 되어야 한다'는 명제가 마치 현대인의 소명처럼 자리 잡고 있다.

사실 누구나 프로가 될 수 있다. 프로가 되는 길이 생각만큼 먼 곳에 있는 것은 아니다. 자기 일을 찾아 그곳에 뼈를 묻겠다는 각오로 옹골차게 달려들면 어느 순간 프로가 되어 있는 자신을 발견할 수 있을 것이다. 바느질 하나로도 프로가 될 수 있고 신문 멀리 던지기로도 프로가 될 수 있는 세상이다. 당연한 얘기지만 네트워커도 마찬가지다. 네트워크 마케팅 사업을 선택해 분명한 목표를 정하고 지속적으로 노력하면 프로 네트워커가 될 수 있다. 어떤 분야에서든 프로는 오랜 시간 자기 자신을 갈고닦으며 신명나게 일한다. 그 자체가 바로 프로가 되는 길이다.

21세기는 단순히 먹고사는 문제를 걱정하는 시대가 아니라 삶의 질을 걱정해야 하는 시대다. 삶의 질을 높이려면 어떤 일에서든 프로가 되어야 하고 프로가 되려면 자기 분야에서 깊이 들어가야 한다. 수박의 겉만 핥는 자세, 하는 척만 하는 자세, 결과 없이 이것저것 늘어놓기만 하는 자세는 지양해야 한다. 확실한 결과를 만들어 내겠다는 자세로 달려들어 정말로 분명한 결과를 내야 한다. 결과가 없는 행동은 행동이 아니라 그냥 '척'일 뿐이고, 그것은 학교를 졸업하는 동시에 내던져야 할 잘못된 버릇이다.

나는 이런 사람을 프로라고 생각한다. 아니, 진정 프로라면 이렇게 행동해야 한다고 본다.

첫째, 기회를 읽을 줄 안다. 프로는 시대의 변화에 주목해 기회를 발견한다. 그런 다음 그 기회를 꽉 움켜쥐고 분명하게 행동한다.

둘째, 좋은 선택을 할 줄 안다. 어떤 사람, 어떤 일, 어떤 상황을 선택하는지가 일생을 좌우할 수도 있다. 아니, 일생을 좌우한다.

셋째, 머리로만 생각하는 것이 아니라 실제로 행동한다. 세상에 행동하지 않고 얻을 수 있는 것은 아무것도 없다. 적당한 것, 편한 것, 쉬운 것을 추구하는 사람을 위한 몫은 바닥에 떨어진 부스러기뿐이다. 안일함에 매몰되면 미래는 분명 현재보다 못할 것이다. 심지어 미래에 현재와 똑같은 삶을 살고 싶은 경우에도 지금과 같은 자세로는 안 된다. 왜냐하면 내가 걸어가는 동안 다른 사람들은 뛰어가기 때문이다.

넷째, 변화를 적극적으로 받아들여 스스로를 변화시킨다. 자고나면 신제품이 등장하는 것을 당연시할 만큼 세상은 **빠른** 속도로 변해 가는 데 홀로 가만히 서 있으

면 낙오자로 전락할 수밖에 없다. 그냥 제자리에 가만히
서 있는 것조차 허락되지 않는 세상이다. 그렇게 변화에
끌려가느니 차라리 행동을 바꾸고 말을 바꾸고 생각을
바꿔 자신을 속속들이 변화시키는 것이 낫다. 변화에 적
응하는 것을 뛰어넘어 변화를 선도할 수 있다면 금상첨
화다.

다섯째, 적당한 때를 기다리는 것이 아니라 적당한 때
를 만든다.

늘 기다리기만 하는 사람에게 주어지는 것은 길고 긴
한숨과 후회뿐이다. 뭔가를 얻고자 한다면 그것을 손에
쥘 수 있는 방법을 선택해 곧장 실천해야 한다. 우습게
도 세상에는 복권을 구입하지도 않고 로또에 당첨되기
를 바라는 사람이 꽤 많다. 가만히 앉아서 감이 떨어지
길 기다리는 것만큼 어리석은 행동은 없다.

내가 만나 본 프로 네트워커는 진정 프로다운 자세로
열심히 노력했다. 그 모습을 보는 순간 나는 "사람이 꽃
보다 아름답다."는 말의 의미를 진하게 느낄 수 있었다.

네트워커의 유형

사람의 성격이나 혈액형에 차이가 있는 것처럼 네트 워크 마케팅 사업을 선택하는 사람들의 유형도 다양하 게 나타난다. 자신의 상황과 여건에 맞춰 자유롭게 선택 할 수 있기 때문이다. 그러면 네트워커의 대표적인 유형 몇 가지만 살펴보자.

1) 부업으로 시작하는 사람과
전업으로 시작하는 사람

네트워크 마케팅 사업을 시작하는 사람들을 유형별로 분류할 때, 가장 대표적인 타입이 부업으로 시작하는 사 람과 전업으로 시작하는 사람이다. 네트워크 마케팅 사 업을 부업으로 시작하는 사람은 본래의 직업이 있거나 직장생활을 하지만 미래에 대한 불안감, 혹은 경제적으 로 보다 안정적인 삶을 추구하고자 네트워크 마케팅 사 업을 병행하는 것이다. 다시 말해 본래의 직업을 유지한 채 퇴근 이후나 주말 시간을 이용해 사이드잡, 더블잡을 한다는 얘기다.

반면 네트워크 마케팅 사업을 전업으로 시작하는 경우는 두 가지로 나뉜다. 하나는 지금까지 하던 일을 그만두고 네트워커에 전적으로 올인하는 것이다. 다른 하나는 일이 없던 사람이 네트워크 마케팅 사업을 새롭게 시작하는 경우다.

전업으로 시작하는 사람은 배수의 진을 치고 네트워크 마케팅 사업에 전력투구할 수 있기 때문에 부업자보다 더 빨리 사업성과를 낼 수 있다는 장점이 있다. 하지만 경제적으로 뒷받침을 해주는 본업이 없는 탓에 늘 불안하고 초조하게 사업을 진행하게 된다는 단점이 있다. 앞에서도 말했지만 네트워크 마케팅 사업은 단기간에 경제적 안정을 이룰 수 있을 만큼 돈을 벌 수 있는 비즈니스가 아니다. 사실 일정 단계까지는 기대 이하의 수입을 감수해야 하는 경우가 더 많다. 따라서 그 단계에 오르기까지 일상생활을 유지할 수 있는 경제적 뒷받침이 따르지 않으면 무척 힘겨운 시간이 될 수 있다.

부업으로 네트워크 마케팅 사업을 진행하는 사람은 사업에 대한 집중도가 떨어지는 단점이 있긴 해도 서둘지 않고 단계적으로 네트워크를 구축해 나갈 수 있기 때문에 장기적인 게임에 유리하다. 본업을 통해 일상생활을 유지할 만한 수입을 얻고 있는 상태이므로 조급하게 서둘 이유가 없는 것이다. 네트워크 마케팅 사업을 부업으로 시작하는 사람이 많은 이유는 어쩌면 이 사업이 장기적인 게임이라는 것을 간파한 사람이 많기 때문일지도 모른다.

내가 이상적이라고 생각하는 유형은 전업으로 시작하되 부부 중 한 사람이 가정 경제를 뒷받침하는 가운데 한 사람이 전업으로 뛰어드는 타입이다. 그러면 전업자의 네트워크 마케팅 사업이 일정 궤도에 올랐을 때 가정 경제를 떠맡았던 사람도 네트워크 마케팅 사업을 시작할 수 있다.

2) 부부가 함께하는 사람과 혼자 하는 사람

처음부터 부부가 함께 네트워크 마케팅 사업에 뛰어드는 경우는 많지 않다. 현재 부부가 함께 성공적으로 사업을 진행하는 가정도 대개는 둘 중 한 사람이 먼저 시작한 경우가 대다수다. 즉, 남편이나 아내가 다른 일을 하면서 가정 경제를 책임지는 가운데 나머지 한 사람이 네트워크 마케팅 사업을 진행하는 것이다. 이런 유형이 전체 사업자의 95퍼센트 이상을 차지하는 것으로 판단된다.

부부가 사업을 함께 진행하는 경우에는 혼자서 사업을 진행하는 사람보다 성공 확률이 훨씬 높다. 그 이유 중 으뜸은 부부가 서로 믿고 의지 혹은 격려하면서 시장을 개척할 수 있기 때문이다. 나아가 함께 열심히 노력하는 부부를 보면 주변에서 깊은 믿음의 눈길을 보내게 된다. 네트워크망의 확대로 사업의 범위가 확장되는 네트워크 마케팅 사업의 특성을 고려할 때 신뢰도는 가장 막강한 무기라고 할 수 있다.

하지만 여기에는 반드시 전제조건이 따른다. 한 사람이 네트워크 마케팅 사업에 전적으로 올인하는 동안 나머지 한 사람은 당분간 가정 경제를 떠받쳐야 한다. 경제적 여유가 없는 상태에서 부부가 함께 사업에 몰두하면 먹고사는 문제에 치여 사업의 본질마저 망각할 수도 있다. 누구나 공감하는 문제겠지만 가정에서 큰소리가 나는 이유 중 90퍼센트 이상은 바로 '돈 문제' 때문이다.

혼자서 사업을 시작하는 경우도 두 가지 형태로 나뉘게 된다. 하나는 기혼자가 부업이나 전업으로 시작하는 것이고 다른 하나는 미혼자가 가정 경제에 대한 책임이 없는 상태에서 하는 경우다. 기혼자의 경우 만약 남편 혹은 아내가 가정 경제를 책임지고 있다면 비교적 편안한 상태에서 진행할 수 있기 때문에 오히려 안정적으로 사업을 진행할 수도 있다. 물론 남편 혹은 아내의 도움을 받는 사람보다 사업의 속도는 느려진다. 미혼자는 가족을 부양할 책임은 없지만 자신의 경제를 책임져야 하는 부담감이 있다.

3) 싱글이면서 전업 혹은 부업으로
사업을 시작하는 사람

혼자 살면서 전업이나 부업으로 네트워크 마케팅 사업을 시작하는 경우를 말한다. 싱글로 살아가는 사람은 애초부터 싱글이던 사람과 돌싱, 즉 다시 싱글로 돌아온 사람이 있는데 이들은 모든 것을 스스로 결정하는 자유를 만끽하는 동시에 모든 경제적 부담을 혼자서 지고 가야 한다. 세상에 존재하는 모든 사물과 상황에는 양면성이 있는 것처럼 자유를 누리는 데 따른 대가를 치르게 되는 것이다.

4) 분명한 비전을 갖고 시작하는 사람과 남의 추천으로 우연히 시작하게 된 사람

비전이 명확한 사람과 다른 사람의 추천으로 긴가민가하며 꼭 해야 한다고 알려주는 일만 하는 사람 중 누가더 성공 확률이 높을까? 물어볼 것도 없는 질문이라고? 그렇다. 그러므로 부업으로 하든 전업으로 하든, 부부가함께하든 싱글로 하든 비전을 뚜렷이 세워야 한다.

명확한 비전을 갖고 네트워크 마케팅 사업을 시작하는 사람은 웬만한 비바람 앞에서는 절대 흔들리지 않는다. 반면 타인의 추천을 받아 '정말 그럴까' 하는 의혹을품고 시작하는 사람은 작은 어려움이나 주변의 어쭙잖은 비난에도 쉽게 무너지고 만다.

일단 네트워크 마케팅 사업을 시작하기로 결정했다면 자신의 입장을 더욱 명확하게 이해하고 장단점을 파악해야 한다. 그런 다음 장점을 강화하고 단점을 보완하는 전략으로 사업에 임한다. 여기서 더 나아가 보다 큰 성공자로 도약하고자 한다면 자신과 파트너 사업자들의 입장을 잘 이해하고 그들을 도와주어야 한다. 네트워크 마케팅 사업에서는 상생을 바탕으로 한 윈윈(win/win) 정신을 실천해야 커다란 성공의 길로 나아갈 수 있기 때문이다.

정말 열심히 했는데,
왜 안 되는 걸까?

NETWORK
MARKETING
START-UP!

제5장 정말 열심히 했는데, 왜 안 되는 걸까?

NETWORK MARKETING *START-UP!*

지나치게 서두른다

우리의 '빨리빨리' 문화가 최첨단 시대를 앞서가게 하는 특징이라는 점은 분명한 사실이지만 그것이 모든 일에 통하는 것은 아니다. 특히 네트워크 마케팅 사업에서는 지나치게 서두르는 것이 사업을 어렵게 하는 장애물이 될 수 있다. 그럼에도 많은 네트워커가 짧은 기간 내에 큰돈을 벌어보겠다는 생각으로 너무 서두르는 경향이 있다.

열심히 하는 것과 서두르는 것은 분명 다르다. 개중에는 꼭 서둘러야 하는 일도 있지만 '절대시간'이 필요한 일도 있는 법이다. 절대시간이란 어떤 일을 진행하는 데 반드시 소요되는 시간을 말한다. 예를 들어 네트워크 마케팅 사업에서는 멀리 내다보고 최소한 2년의 노력과 시간을 투자하는 것이 좋다고 말하는데, 그 2년이 바로 사업에 꼭 필요한 절대시간이다. 조급한 마음으로 서둘다가 일을 망치는 사례는 책, 영화, 드라마 등 우리 생활 곳곳에서 얼마든지 찾아볼 수 있다.

네트워커 중에는 심지어 1, 2년 안에 최고 직급까지 가겠다는 목표를 세우는 사람도 있다. 물론 그 목표를 달성한다면 존경을 받아 마땅하겠지만 실제로 거기에 도달하는 경우는 극히 드물다. 또한 그 목표에 도달하는 경우에도 사전에 삶의 대가를 치를 만큼 치르고 토대를 미리 닦아 둔 경우가 대부분이다. 지나치게 무리한 목표를 세워 조급하게 서두는 것은 실패의 문고리를 잡고 따라가는 것이나 마찬가지다. 그 이유는 무엇일까?

첫째, 사람의 습관이나 타성은 하루아침에 쉽사리 바뀌는 게 아니다.

사업 전까지 목표를 세워 한 단계씩 성장해 나가는 삶을 살아오지 않은 사람이 새로운 일을 한다고 해서 갑자기 바뀔 수 있을 거라고 기대하는 것은 무리다.

둘째, 너무 서둘다 보면 사업에 대한 정확한 이해 없이 상대방을 설득하려 애쓰게 된다.

상대방을 설득하려면 한 점의 의혹도 남지 않도록 먼저 나 자신부터 완전 무장시켜야 한다. 내 마음속에 똬리를 틀고 있는 의심이나 의혹을 제거한 뒤 충분한 워밍업을 거친 다음 다른 사람을 설득해야 하는 것이다. 하지만 많은 네트워커가 마음속에 의혹의 앙금을 안고, 혹은 정확한 내용도 모르면서 다른 사람을 설득하려 드는 우를 범하곤 한다.

셋째, 가족이나 친지의 신뢰를 얻지 못한 상태에서 사업을 진행하면 당연히 무리가 따른다.

자신을 가장 잘 알고 또한 자신이 가장 사랑하는 존재로부터 신뢰를 얻지 못하면 타인에게는 더욱더 신뢰받기 어렵다. 그럼에도 그 벽이 너무나 두텁게 쌓여 곤란을 겪는 네트워커가 상당히 많다. 이를 극복한 사람들의 얘기를 들어 보면 말로만 설득하려 해서는 아무런 소용

NETWORK MARKETING START-UP!

이 없다고 한다. 어떤 결과를 내고 점점 성장해 가는 모습을 보여 주면 굳이 말하지 않아도 저절로 마음의 문이 열린다는 얘기다. 이것은 늘 말만 앞세우거나 별다른 결과도 내지 못하면서 자신을 알아주지 않는다고 대책 없이 서운해 하는 사람들이 특히 새겨들어야 할 조언이다.

조급하게 서둘다 보면 자신도 모르게 서툰 자세로 악수를 두게 되고 그것이 또다시 부정적 결과를 부르는 악순환에 빠지게 된다.

너무 쉽게 생각했다가 실망한다

네트워크 마케팅 사업이 다른 일반적인 사업보다 유리한 조건을 갖추고 있는 것은 사실이다. 아니, 일반적인 기준에서 볼 때 네트워크 마케팅은 좀 과하게 네트워커를 배려한다. 그래서 그런지 사업을 소개하는 사람은 물론 그 소개를 받는 사람들은 대개 네트워크 마케팅 사업을 너무 쉽게 생각하는 경향이 있다.

쉽게 생각하는 것까지는 그리 나쁠 것 없다. 하지만

그것이 지나쳐 뭔가를 공짜로 얻을 수 있을 것처럼 생각하는 것은 문제다. 어떤 사람에게는 네트워크 마케팅 사업이 쉬울 수도 있으나 세상 모든 것과 마찬가지로 이 사업에서도 공짜는 없다. 정상까지 가는 시간은 아주 험하고 길도 멀다. 결코 만만하게 생각해서는 안 된다는 얘기다. 그럼에도 불구하고 쉽게 생각하고 가다가 실망해 포기하는 경우가 적지 않다.

네트워크 마케팅 사업에는 분명 큰 성공자가 존재하고 지금도 배출되고 있다. 이들은 과연 어떻게 정상에 도달하게 된 것일까? 그것은 하나하나의 작은 성공까지도 소중히 여기고 한 단계 한 단계 묵묵히 걸어갔기 때문이다. 주변의 왈가왈부에 이리저리 휘둘리지 않고 자신이 목표로 하는 곳을 향해 정확히 한 걸음씩 나아가는 사람은 큰 성공을 거둘 수 있다.

간혹 나는 큰소리치기 좋아하는 사람을 만나기도 하는데 그들은 대개 1억 원을 아주 우습게 안다. 그들은 1억 원을 마치 껌값이라도 되는 듯 말하지만 사실 1억 원은 대단한 액수다. 대한민국에서 연봉 1억 원을 벌기가 얼마나 힘든 일인지 알고 있는가? 그것은 대한민국에서 소위 일류대학을 우수한 성적으로 졸업한 사람이 수십 대 일의 경쟁을 뚫고 들어간 대기업에서 15년 이상 근무해야만 받을 수 있는 액수다.

그런데 어떻게 네트워크 마케팅에서는 그 엄청난 액수를 손쉽게 벌 수 있을 거라고 생각하는가. 물론 네트워크 마케팅 사업을 10년 이상 꾸준하게 진행해 온 사람들 중에는 그 이상의 수입을 올리는 사람도 상당히 많다. 다시 한 번 강조하지만 네트워크 마케팅 사업이 아무리 사업적 조건을 유리하게 제시해도 결국 사업을 해야 하는 사람은 네트워커 자신이며, 네트워커는 자신의 노력과 시간을 투자해 열심히 노력할 각오를 다져야 한다. 인내하고 꾸준하게 노력하는 사람만이 성공의 열매를 딸 수 있기 때문이다.

애초에 올바른 회사를 선택하지 못했다

네트워크 마케팅 회사는 네트워커가 사업을 안전하게 펼쳐나갈 수 있도록 안전망을 제공하는 울타리이자 모든 사업적 잡무를 처리해 주는 훌륭한 서비스맨이어야 한다. 그런 역할을 소홀히 하는 회사라면 사업적 파트너 관계를 심각하게 다시 고려해 봐야 한다.

나는 간혹 사업적 자질이나 살아온 경력, 인품 등 모든 면에서 '크게 될 사람'이라는 것이 한눈에 보이는 데도 불구하고 의외로 성공하지 못한 사람을 만나기도 한다. 이런 안타까운 사례가 발생하는 이유 중 하나는 올바른 회사를 선택하지 못했기 때문이다.

상식적으로 생각해도 혼자 뛰는 사람과 회사의 막강한 뒷받침을 받는 사람은 그 출발선부터 다를 수밖에 없다. 또한 네트워커가 아무리 뛰어난 능력을 갖췄을지라도 네트워크 마케팅 회사가 제대로 운영되지 않거나 경쟁력 있는 제품으로 받쳐 주지 못하면 그 네트워커는 성공하기 어렵다. 네트워크 마케팅 사업에서 성공적으로 자리매김을 하려면 네트워커와 회사가 각자의 역할을 제대로 해내는 것은 물론 둘 사이의 파트너십 관계가 탄탄해야 한다.

결국 회사를 선택할 때는 자신과 잘 맞는지, 그 회사에 경쟁력이 있는지, 그리고 수십 년을 함께 갈 수 있는 회사인지 점검해야 한다.

스폰서가 정상적으로 활동하지 않는다

일반적인 사업을 시작하려면 자신에게 맞는 업종, 목이 좋은 건물, 종업원 구하기, 인테리어, 질 좋은 재료 혹은 제품 찾기 등 모든 것을 스스로 해결해야 한다. 물론 주변 사람들로부터 조언을 구하거나 이런저런 자료 및 정보를 참고할 수도 있지만 그것은 객관적으로 성공이 검증된 것이 아니다. 단 한 번이라도 자기사업을 해본 사람이라면 성공을 경험한 사람으로부터 듣는 한마디의 실질적인 조언이 얼마나 많은 시행착오를 줄여 주는지 잘 알 것이다.

사업을 게임으로 여기고 그것을 즐길 만큼 자본이 넉

넉하거나 시간이 많다면 애써 시행착오를 줄이려 고심할 필요가 없다. 어떤 난관에 부딪히든 그냥 있는 그대로 받아들이고 하나하나 온몸으로 겪어 나가면 그뿐 아닌가. 하지만 대다수의 사업자는 경제적, 심리적으로 그렇게 한가롭지 못하다. 대개는 숨이 턱까지 차올라 서둘러 난관을 타개하지 않으면 주저앉아야 하는 상황이다. 스폰서의 역할이 무엇보다 중요한 이유가 바로 여기에 있다.

그런 면에서 최상의 조건을 제공하는 곳이 바로 네트워크 마케팅 회사다. 네트워크 마케팅 사업에서는 스폰서가 아무런 대가도 바라지 않고 자신이 알고 있는 최상의 노하우를 고스란히 제공한다. 왜냐하면 시스템 자체가 스폰서 역할을 제대로 해낼 경우 그만한 대가가 따르도록 되어 있기 때문이다.

하지만 분명 합법적이고 정통 네트워크 마케팅을 채택한 회사임에도 불구하고 간혹 상위 스폰서가 불법 혹은 비합리적으로 파트너 사업자들을 이끄는 경우도 있다. 어딜 가나 문제아는 있게 마련이다. 만약 이런 스폰서를 만나게 되면 네트워커는 자신도 모르게 정상적인 사업을 꾸려가기가 어려워지고 결국 사업을 포기하는 상황으로 내몰리기도 한다.

네트워커는 누군가의 지시를 받거나 명령을 따라야 하는 종업원이 아니라 분명 자기사업을 하는 사업자다. 그러므로 분명하게 자기중심을 지키고 원칙에서 벗어나는 일은 삼가야 한다. 스폰서가 불법, 비합리적인 행동을 할 때는 그것을 그대로 추종하기보다 시간이 좀 더 걸리더라도 자신의 경제적 역량을 넘는 어리석은 행위를 해서는 안 된다. 과한 행동은 언젠가는 반드시 탈이 나게 마련이다.

사업 초기에는
큰 수입이 들어오지 않는다

네트워크 마케팅 사업에서 초기의 순간은 토대를 닦는 시기다. 일반적인 사업에서도 최소한 6개월은 수입이 없어도 버틸 만한 운영자금을 필요로 하는 것처럼 네트워크 마케팅 사업 역시 초기의 수입은 변변치 못하다.

그렇다고 그리 실망할 필요는 없다. 시간이 지날수록 레버리지 효과가 발휘되면서 수입이 기대 이상으로 늘어나는 특성이 있기 때문이다. 네트워크 마케팅 사업은 찔레꽃처럼 여러 번 자주 피는 타입이 아니라 먼저 내면을 튼실하게 다진 다음 나중에 화려하게 한 번 피는 장미꽃 같은 사업이라는 얘기다.

중국에서 자라는 것으로 알려진 대나무, 모죽(毛竹)은 심은 지 5년간은 별다른 변화를 보이지 않는다. 혹시 죽어 버린 것은 아닌가 싶을 정도로 자라는 것이 보이지 않는다. 하지만 5년이 지나면 어느 순간 하루에 70센티미터씩 쑥쑥 자라난다. 그렇게 6주일간 하루도 쉬지 않고 성장하기 때문에 나중에는 길이가 무려 30미터에 이른다.

그렇다면 이 대나무는 6주일간 자란 것일까, 아니면 5년 6주일간 성장한 것일까? 당연히 준비기간으로 보낸 5년이 없었다면 나머지 6주일도 있을 수 없다. 5년간 땅속 깊이 뿌리를 뻗어 십 리가 넘는 땅에 탄탄한 기초를 다진 덕분에 그 짧은 기간에 쑥쑥 자라난 것이다.

네트워크 마케팅 사업도 마찬가지다. 회사마다 조금

씩 차이가 있긴 하지만 일정 직급 이상이 되어야 비로소 펌프질이 시작되어 안정적인 수입을 얻게 된다. 사업 자체가 일정 기간이 지난 후에 크게 점프업 되는 특징을 보이기 때문이다. 그러므로 처음부터 어느 정도 기대하는 수입이 있다면 네트워크 마케팅 사업보다는 차라리 자동차 세일이나 보험 영업을 알아보는 것이 나을지도 모른다.

과거의 경력에 얽매인다

태어나면서부터 은수저를 입에 물고 나오면 남들이 비포장도로를 달릴 때 뻥뻥 뚫리는 고속도로를 달릴 수 있지만, 네트워크 마케팅 사업에서는 다르다. 과거에 어떤 일을 했든 얼마나 어마어마한 경력을 쌓았든 네트워크 마케팅 사업에 발을 들여놓는 순간 모든 것을 처음부터 다시 시작해야 하기 때문이다. 다른 모든 사람과 마찬가지로 출발선이 똑같다는 얘기다.

네트워크 마케팅 사업은 분명 지금까지 살아온 방식

과 전혀 다른 세계에서 이뤄지는 독특한 시스템이다. 그렇다면 "새 술은 새 부대에 담는다."는 말처럼 새로운 마음자세와 행동이 요구되는 것은 당연하다. 물론 과거의 경험이 도움이 되는 경우도 있지만 대개는 자신의 과거 경력과 좋았던 시절의 화려함은 별다른 의미가 없다. 그야말로 깨끗한 백지 상태에서 새롭게 출발해야 한다.

네트워크 마케팅 사업은 평등하다. 누구에게나 공평한 기회를 주고 미운 놈이든 예쁜 놈이든 떡 하나 더 얹어주는 법이 없다. 그러므로 과거는 잊고 새로운 분위기에서 새롭게 시작하겠다는 자세를 갖춰야 한다. 만약 과거의 추억에 얽매여 새로운 분위기에 적응하지 못하면 성공의 열매는커녕 그 냄새조차 맡지 못할 것이다.

특히 네트워크 마케팅 사업은 다양한 사람들이 모여서 함께하는 사업이다. 따라서 전체적인 분위기를 공유하지 못할 경우 크게 성공하기 어렵다. 이러한 사실을 깨닫고 과거를 깨끗이 접고 처음부터 다시 시작한다는 자세로 성실하게 임해야 한다. 따지고 보면 왕년에 한 가닥 안 한 사람이 얼마나 되겠는가. 그러나 과거는 결코 쓸 수 없는 부도난 수표에 불과하므로 현재에 충실해야 한다.

자세히 검토하지 않고
사업을 시작한다

현대인의 특징 중에서 무엇보다 두드러지는 것은 소위 '귀차니스트'의 증가다. 매사를 귀찮아하는 사람들이 늘어나면서 첨단기기 역시 빠른 속도로 증가하는 현실이 그것을 잘 보여준다. 손가락 하나 까딱하는 것조차 귀찮아하는 사람이 얼마나 많던가. 과거에는 열심히 몸을 놀려야만 일이 진행되는 경우가 많았기 때문에 일을 하면 동시에 운동을 하는 효과도 있었지만, 지금은 일은 일대로 하고 운동은 따로 돈을 지불해가면서 해야 한다.

어른들이 흔히 하는 말씀처럼 "세상 참 좋아졌다." 이 말은 곧 살기가 편리해졌다는 것을 뜻한다. 하지만 아무리 편리함을 추구할지라도 내 밥그릇을 결정하는 일에서만큼은 부지런을 떨어야 한다. 하다못해 동네에서 조그마한 김밥가게를 운영하려 해도 수차례 생각하고 또

검토해 보는 것이 마땅한데, 하물며 인생을 거는 사업을 시작할 때는 더 말해 무엇 하랴.

그런데 아이러니하게도 미래를 내다보고 사업을 결정하는 순간에도 여지없이 귀차니즘의 속성을 드러내는 사람들이 있다. 대표적으로 앞뒤 따져 보고 충분히 검토하지 않은 채로 네트워크 마케팅 사업을 시작하는 사람들이 의외로 많다. 물론 믿을 만한 사람으로부터 소개를 받은 것이라 안심하고 시작했을 수도 있지만, 그래도 내 인생의 선장이자 책임자는 바로 나 자신이 아닌가. 또한 사람마다 시각차이라는 것이 존재하기 때문에 소개자의 신뢰도에 상관없이 본인이 스스로 판단하는 것이 옳다.

일단 네트워크 마케팅 사업을 소개받았다면 여러 차례 사업설명과 회사 소개 행사에 참석해 연구 검토하는 시간을 가져야 한다. 네트워크 마케팅 사업을 고려하면서 최첨단기기 생산자처럼 "돌다리까지 두드려가며 건널 시간은 없다."고 외칠 필요는 없지 않은가.

천천히, 지속적으로
하려는 자세가 부족하다

다시 한 번 강조하지만 네트워크 마케팅 사업은 1, 2년 안에 돈을 왕창 벌고 그만두는 사업이 아니다. 오히려 그 반대로 1, 2년간 미래에 지속적으로 물을 공급받기 위한 파이프라인을 건설해야 하는 사업이다. 물론 평생을 먹고살 토대를 쌓는 그 기간이 결코 쉽지는 않을 것이다. 그러나 미래의 안정을 생각한다면 그만한 수고는 당연한 일로 받아들여야 한다. 시작부터 평생 꾸준히 사업을 진행하겠다는 자세로 출발하는 것이 좋다고 강조하는 이유가 여기에 있다. 조급함이 낳는 것은 후회와 시간 낭비뿐이다. 네트워크 마케팅 사업은 속전속결이 아니라 만만디의 자세가 필요한 사업이다.

우선 꼼꼼히 분석하고 확인하라. 그런 다음 나 자신이 평생 사업을 진행하는 것은 물론 자식에게까지 물려줄 만큼 좋은 사업이라는 판단이 서면 길게 내다보고 꾸준히 전진해야 한다. 코앞만 바라보면 일이 더디게 진행되는 것에 짜증을 내고 단기적 성과에 안달하다가 결국 포기하게 된다.

NETWORK MARKETING *START-UP!*

제5장. 정말 열심히 했는데, 왜 안 되는 걸까? **89**

정상 정복을 위한
똑 부러지는 자세

NETWORK MARKETING START-UP!

정상 정복을 위한
똑 부러지는 자세

서서히 익은 열매가 달콤하다

영리한 토끼보다 우둔한 거북이처럼 행동하는 게 낫다고 한다. 자신의 목표를 향해 꾸준히 나아가려는 마음 자세로 충실하게 행동할 때 길이 열리고 뿌듯한 긍지를 갖게 되는 법이다. 조급하게 성취하고자 하면 모험을 좇느라 불안감과 두려움에 시달려야 한다.

네트워크 마케팅 사업은 결코 단거리 경주가 아니다. 따라서 초반에 승부를 꾀하려 하면 멀리 가지도 못한 상태에서 지쳐버리고 만다. 몇 발짝 내딛고 승부가 결정되는 일은 없다. 우둔한 거북이처럼 조금씩 꾸준히 앞을 향해 나아가야 무리하지 않고 정상을 정복할 수 있다. 열매는 서서히 익어야 자연의 맛 그대로 달콤함을 지니게 되는 법이다.

네트워크 마케팅 사업의 성패는 능력보다 마음자세에 달려 있다. 소극적인 결과를 예상해 자꾸만 뒤로 물러서면 그것이 마음을 속박하는 작용을 해 결국 생각했던 결과를 얻게 될 확률이 높다. 좋은 결과를 얻으려면 좋은 결과를 얻을 수 있다는 마음자세로 용기를 발휘해 도전해야 한다.

목표를 분명하게 설정한다

사업의 목표를 세우고 왜 그 목표를 향해 가려 하는지, 또한 어떻게 갈 것인지 명확하게 설정해야 한다. 많은 네트워커가 사업을 진행하는 도중에 방황하고 흔들리는 이유는 자신만의 분명한 목표가 없기 때문이다. 네트워크 마케팅 사업에서는 누군가의 명령에 복종하는 것이 아니라 독립적으로 사업을 펼쳐 나가게 된다. 따라서 때론 마음이 흔들릴 수도 있고 사업이 불안정할 수도 있다. 독립적으로 자유롭게 사업을 진행하는 만큼 그에 따른 모든 책임을 스스로 져야 하기 때문이다.

네트워크 마케팅 사업을 하면서 흔들리지 않고 전진하려면 무엇보다 목표를 분명하게 설정해야 한다는 것은 몇 번을 강조해도 지나치지 않다. 아무리 칠흑 같은 어둠에 휩싸여도 등대가 불빛을 반짝이면 배는 그곳을 향해 정확히 나아갈 수 있다. "나는 왜 네트워크 마케팅 사업을 하려고 하는가?"라는 물음에 분명하게 대답할 수 없다면 이 사업을 시작하지 않는 것이 좋다. 괜히 시간과 노력만 낭비하는 꼴이 되고 말 가능성이 크기 때문이다.

'사람들이 좋다고 하는데 그냥 한번 해볼까?'라는 생각으로는 결코 성공할 수 없다. 아직 이루지 못한 꿈을 네트워크 마케팅 사업을 통해 반드시 이루겠다는 각오 없이 덤벼들면 100퍼센트 실패할 것이다. 목표를 분명히 설정하는 것은 그만큼 중요한 일이다.

새로운 행동,
새로운 마음자세

네트워크 마케팅 사업은 우리가 지금까지 일상적으로 경험해 온 사업과는 확실히 다르다. 따라서 새로운 마음 자세로 유통구조에 혁명을 일으키는 데 일조하겠다는 생각으로 적극 임해야 성공 확률이 높다. 네트워크 마케팅 사업을 선택하는 것, 또한 사업을 열심히 하겠다고 결심하는 것, 그리고 적극적으로 행동하는 것은 모두 스스로 해야 한다. 어디까지나 독립적인 자기사업이기 때문이다. 스스로 오픈 미팅이나 여러 가지 세미나에 적극 참석해 자기 자신을 단련하고 네트워크망을 탄탄하게 구축하기 위해 노력하는 것은 기본이다.

다른 한편으로 내가 인터뷰를 했던 성공자들은 대부분 '겸손'을 최고의 성공 덕목으로 꼽았다. 그들은 하나같이 '자신의 과거를 잊는 것'이 가장 중요하다고 입을 모았던 것이다. 이는 자긍심을 갖되 왕년의 화려함은 접어두고 바닥부터 차근차근 다시 밟아 올라온다는 자세로 사업에 임해야 성공 가능성이 커진다는 것을 의미한다.

서양 속담에 "끝이 좋아야 모든 것이 좋다."는 말이 있다. 이것은 열심히 노력해 정상에 올라가면 그동안 고생하면서 지나온 모든 과정과 경험은 멋진 추억으로 남게 된다는 것을 뜻한다. 반면 정상에 오르지 못하면 무슨 말을 하든 한낱 변명에 지나지 않는다. 사실 뭔가를 이루게 해주는 것은 말이 아니라 행동이다. 배가 고파 죽을 지경인데 배부르다고 아무리 외쳐 봐야 배가 불러 오는가? 말도 안 되는 얘기다. 숟가락을 들고 퍽퍽 퍼먹어야 배가 불러오는 법이다. 입으로만 외쳐 대는 삶은 참 구차하다.

자기 인생, 자기 역할에 충실해 당당하게 살아가려면 말을 앞세우는 것이 아니라 행동을 해야 한다. 그것도 과거의 영화를 깨끗이 잊고 앞날의 비전과 성공에 대해 분명한 목표를 세운 다음 앞으로 나아가야 한다. 과거에 금송아지를 품고 살았던들 현재 그것이 없다면 무슨 소용인가.

시스템을 믿는다

시스템이란 그 회사가 사업자들의 성공을 돕기 위해 오랜 기간에 걸쳐 연구와 분석을 거친 끝에 개발한 여러 가지 활동을 말한다. 대표적으로 미팅, 홈파티, 랠리, 석세스 스쿨, 그룹 미팅, 신제품 설명회, 컨벤션 등이 여기에 속한다. 네트워크 마케팅 방식을 채택한 회사는 나름대로 다양한 시스템을 구비하고 있으며 그 시스템에 따르는 네트워커들을 성공으로 안내하기 위해 애쓰고 있다.

그러므로 편하게 갈 수 있는 길을 놔두고 굳이 가시밭 길을 선택할 필요는 없다. 역사가 깊은 네트워크 마케팅 회사는 이미 70년 이상의 연구 및 검토 기간을 거치면서 시스템을 보완해 왔다. 네트워크 마케팅 사업 자체가 1940년부터 시작되어 약 70년간 지속적으로 보완 및 발전해 온 시스템적 사업인데 시스템을 믿지 않고 어떻게 사업을 할 수 있겠는가.

이 사업을 하려고 마음먹고 올바른 회사를 선택했다면 시스템을 믿고 시스템에 합류해 자신을 갈고닦는 것

이 최선의 방법이다. 인생의 선배가 이미 탄탄하게 구축
해 놓은 시스템을 그대로 따라가면 분명 원하는 것을 얻
을 수 있을 것이다. 그 시스템은 숱한 시행착오와 실수
를 걷어 내고 순수하게 성공 에센스만 남겨 둔 것이기 때
문이다. 의심하는 마음으로 괜한 고집을 피울 필요는 없
다. 네트워크 마케팅 사업의 성공 시스템은 이미 수많은
사람들을 통해 입증된 것이다.

특히 다른 일을 통해 다양한 경험을 쌓은 뒤에 네트워
크 마케팅 사업에 입문한 사람들은 파트너 사업자가 일
하는 모습을 보면서 간혹 자신이 더 잘할 수 있을 것 같
은 착각에 빠지곤 한다. 하지만 그것은 어디까지나 착각
일 뿐이다. 내가 지금까지 네트워크 마케팅 사업을 지켜
보고 연구 검토한 바에 따르면 시스템에 합류하는 사람
이 그렇지 않은 사람보다 성공 확률이 훨씬 높다.

그러므로 네트워크 마케팅 사업의 시스템을 믿어야
한다. 시스템 안에서 그것을 학습하고 느끼고 서로 돕고
이끌어주면서 상생하는 네트워커가 되어야 한다.

천천히,
끈기 있게 하는 자세

어떤 사업이 단시일 내에 뭔가가 이뤄진다면 그것은
사업이라고 할 수 없다. 그저 한탕주의에 불과하다. 네
트워크 마케팅 사업은 개별적인 네트워커의 인생을 책
임질 수 있을 만큼 강하고 탄탄한 사업이다. 하지만 그
열매의 달콤함을 누리려면 끈질긴 열정과 노력으로 사
업을 진행해야 한다. 그것이 바로 이 사업에서 평생의
안정을 보장받기 위해 네트워커가 지불해야 할 대가다.

특히 네트워크 마케팅 사업은 다른 사업과 달리 평생,
그리고 대를 이어 할 수 있는 사업이다. 그러므로 멀리
내다보고 높은 빌딩을 지을 때 지하실을 더욱 깊이 파내
려가는 것처럼 안정적인 지지대를 만들겠다는 자세로
사업을 진행해야 한다. 네트워크를 구축할 때 너무 서둘
러 급하게 진행하면 일순간에 무너져 내릴 수도 있다.

천천히, 하지만 끈질기게 소처럼 뚜벅뚜벅 걸어가야
한다. 건물을 지을 때 한 층 한 층 올라가려면 콘크리트
가 충분히 굳는 시간이 필요하듯 네트워크망이 단단하

게 굳어 무너지지 않게 하려면 너무 서둘지 않아야 한
다. 그렇다고 '천천히'를 게으름과 동일시해서는 안 된
다. 이것은 열심히 하되 지나치게 서둘지 않아야 하며
무엇보다 인내심을 발휘해야 한다는 뜻이다.

찔레꽃이 아니라
장미꽃 같은 사업

찔레꽃과 장미꽃은 같은 과의 꽃이다. 하지만 찔레꽃
은 1년에 3~4번 피었다 지기 때문에 사람들에게 큰 사랑
을 받지 못하는 반면, 장미꽃은 1년에 딱 한 번 오래도록
아름다운 꽃을 피워 내는 까닭에 큰 사랑을 받는다.

네트워크 마케팅 사업은 찔레꽃보다 장미꽃에 가깝
다. 단기간에 확 피는 사업은 아니지만 일정 기간이 지
나면서 지렛대 효과가 극대화되어 화려하게 피어나기
때문이다. 그러므로 초기에 좀 고생스럽더라도 미래를
준비하면서 늘 마케팅 전략을 세우고 스케줄대로 움직
이며 배우는 동시에 사업을 진행해야 한다. 기회는 항상

준비된 자의 편을 드는 법이다. 백년학생으로 살아가겠다는 마음자세로 자신을 위해 시간과 노력을 투자하면 날이 갈수록 멋진 성과를 올리는 것은 물론 성공자로서 장미꽃처럼 활짝 피어날 수 있을 것이다.

스폰서를 잘 선택해 호흡을 맞추는 사람이 성공 확률이 높다

네트워크 마케팅 사업에서는 스폰서의 역할이 매우 중요하다. 대다수 사업자들이 스폰서로부터 강력한 영향을 받기 때문이다. 심지어 스폰서를 잘 선택하는 것이 사업의 성패를 좌우할 수도 있다. 무엇보다 스폰서는 자신의 스폰서를 잘 따르고 다운라인 역시 자신을 잘 따를 수 있도록 모범을 보여야 한다. 파트너 사업자를 바르게 인도하고 도와줄 수 있도록 늘 학습하는 자세로 모범이 되어야 한다는 얘기다. 특히 강요나 강제가 없는 네트워크 마케팅 사업에서는 솔선수범이 가장 강력한 무기다.

따라서 가장 인간적이고 적극적, 긍정적으로 행동하는 사업자가 큰 승리를 거두게 된다.

그렇다면 스폰서는 솔선수범을 보이기 위해 어떤 덕목을 갖춰야 할까?

첫째, 진실해야 한다. 무엇보다 숫자에 연연해 파트너 사업자를 경제적으로 어렵게 하는 일은 결코 없어야 한다.

둘째, 말을 앞세우는 것이 아니라 행동으로 모범을 보여 파트너 사업자들이 잘 따르도록 해야 한다.

셋째, 늘 학습하는 자세로 자신의 능력을 키워 파트너 사업자들을 도와줄 수 있어야 한다.

넷째, 인격적으로 더 큰 사람이 되고자 노력해야 한다.

네트워커의 기본적인 자세는 늘 스폰서를 존중하고 잘 따르는 것이다. 스스로 그런 모습을 보이지 않으면 결국 자신의 파트너 사업자들로부터 똑같은 대접을 받게 된다.

개인그룹 비즈니스임을 인식한다

거의 12년간이나 네트워크 마케팅 사업을 가까이에서 지켜본 나는 한 가지 특이한 점을 발견했다. 다른 일반적인 사업과 달리 네트워크 마케팅 사업은 개인사업인 동시에 그룹사업이라는 사실을 깨달았던 것이다. 이에 따라 나는 네트워크 마케팅 비즈니스를 'Individual-Group Business', 즉 개인그룹 비즈니스로 부르고 있다.

네트워크 마케팅 사업을 경영학적 관점에서 분석하면 참으로 특이한 사업군이라고 할 수 있다. 분명 개인 사업자가 되어 개인사업을 하고 있음에도 함께 모여 힘을 합하지 않으면 성공하기 어려운 시스템이기 때문이다. 왜 이러한 시스템으로 정착된 것일까? 이런 시스템은 어떤 면에서 유리할까? 오랫동안 의문에 쌓여 있던 나는 이 사업을 연구하면서 그 이유를 하나씩 이해하게 되었다.

현재의 네트워크 마케팅 시스템이 정착된 데는 그만한 이유가 있다.

첫째, 서로 의지하면서 상생 효과를 불러일으킬 수 있

다. 서로 도우며 사업을 진행하면 마치 개미들이 한데 모여 주변 동물들에게 큰 집단처럼 보이도록 착시 현상을 일으키듯 시너지 효과를 낼 수 있다.

둘째, 함께 모여 격려하고 용기를 불어넣는 모습은 서로의 발전을 위해 매우 중요하다.

셋째, 자신에게 바쁜 일이 생기거나 부재중에 다른 그룹의 미팅에 자신의 파트너 사업자를 참석시킬 수 있어 경쟁력을 높일 수 있다.

넷째, 신규 사업자가 합류했을 때 스폰서 개인의 의견보다 여러 동료들의 의견과 격려가 정착률을 높여 주고 전투력을 제고해 준다.

따라서 네트워커들은 반드시 그룹 미팅이나 전체 시스템에 빠지지 않고 참석하는 것이 유리하다. 물론 네트워크 마케팅 사업의 주인은 바로 네트워커 자신이다. 네트워커는 누군가에게 고용된 것도 아니고 누군가를 고용할 수 있는 것도 아니다. 그러므로 자기사업을 스스로 관리하고 체크해 사업의 진행 상황에 대해 훤히 꿰뚫고 있어야 한다. 만약 사업이 기울고 있다면 그 원인을 분석해 보고 보다 적극적인 자세로 사업을 바로 세워야 한다.

그와 동시에 네트워크 마케팅 사업은 그룹 사업이다. 따라서 자기 일을 스스로 책임지는 것과 더불어 타인과의 약속을 철저히 지켜야 한다. 네트워커는 모두 독립적인 사업자이지만 네트워커의 행동 하나하나는 많은 사람에게 영향을 미치기 때문이다. 결국 네트워커는 약속을 철저히 지키는 것은 물론 마케팅을 완벽하게 구사하기 위해 노력해야 한다.

안정적인 소비자를 구축해 그들 중에서 사업자 발굴하기

네트워크 마케팅의 기본을 잘못 이해하면 후원 수당을 바라고 무조건 사업자를 많이 발굴하면 되는 사업으로 인식할 수 있다. 하지만 이것은 커다란 오해다. 아무리 사람들을 많이 후원할지라도 스스로의 노력으로 제품 이동이 일어나지 않는다면 단순히 사람을 모집했다는 이유만으로 수당을 받는 일은 없다. 만약 그런 시스템으로 운영되는 회사가 있다면 그것은 피라미드다.

네트워크 마케팅 사업에서 탄탄한 네트워커로 알차게 성공하려면 먼저 자사 제품을 잘 소비해 주는 안정적인 소비자를 구축하는 것이 중요하다. 그렇게 소비자가 늘어나다 보면 제품에 대한 확신이 사업을 이해하는 수준으로 업그레이드되어 사업에 동참하려는 사람이 나오게 마련이다. 제품을 신뢰하고 사업을 이해하는 소비자가 사업자가 되어야 장기적으로 함께하는 사업자가 될 가능성이 크다.

이처럼 단계별로 사업자를 발굴하지 않고 무작정 사업자를 찾으면 진심으로 제품을 신뢰하는 사람보다 도전 의식과 인내력이 뒤떨어진다. 특히 이런 사람이 사업자가 되면 자기사업을 제대로 유지하지 못해 도중에 그만두는 경우도 발생하게 된다.

네트워크 마케팅 사업은 기본적으로 자사 제품을 써보고 좋다고 생각하는 사람이 다른 사람에게 제품을 권해 사업을 확장하는 구조다. 따라서 이러한 기본을 지켜가며 소비자 구축과 사업자 발굴이라는 두 마리 토끼를

잡고자 노력하는 것이 좋다. 기본 개념을 무시하고 무조건 사업자만 발굴하려 하면 억지로 물건을 떠안기거나 가입비를 받고 무리하게 사업을 진행하는 것처럼 잘못된 길로 빠져 들기 십상이다.

각종 툴과 서적을 많이 활용한다

네트워크 마케팅 사업은 복제사업이다. 복제사업이란 시스템을 잘 이해하고 충분히 활용해 사업자를 가능한 빠른 시간 내에 성공적인 사업자로 길러 내는 것을 말한다. 따라서 사업자는 다양한 세미나와 성공자들의 책 혹은 테이프 등을 최대한 활용하는 것이 유리하다.

많이 읽고 들으면 복제사업의 성공 가능성을 확실히 높일 수 있다. 만약 하루에 30분 정도의 시간을 내서 책을 읽는다면 한 달에 일반적인 두께의 책 한 권을 모두 읽을 수 있다. 너무 바빠서 한꺼번에 30분을 낼 수 없다면 자투리 시간을 이용해서라도 책을 읽어야 한다. 책을 읽는 것은 단기간에 여러 가지 지식을 습득할 수 있는 가장 좋은 방법이다. 하루 30분씩 책을 읽으면 1년에 12권의 책을 읽을 수 있고, 그 12권은 성공으로 가는 길에 든든한 동반자가 되어 줄 것이다. 성공자를 만나 얘기를 들어 보면 그들은 하나같이 독서를 열심히 하라고 강조한다.

또한 스폰서나 업 라인이 추천한 테이프 혹은 CD를 활용하는 것도 매우 중요한 일이다. 테이프나 CD는 달랑 한 번만 듣는 것보다 최소한 일곱 번 이상 듣는 것이 좋다. 그래야만 잠재의식에 깊이 각인돼 성공에 대한 열정이 지속되기 때문이다. 예를 들어 뜻하지 않은 거절을 당해 마음이 가라앉거나 우울해질 때 동기부여 테이프를 들으면 다시금 의욕과 용기가 샘솟게 된다.

실패에도 늘 감사한다

정통 네트워크 마케팅을 채택한 회사의 제품은 사업의 특성상 일반 소매점에서 취급하는 제품과 분명하게 차별화되어 있다. 확실한 장점을 지니고 있다는 얘기다. 그러므로 네트워커는 자신이 선택한 회사가 취급하는 제품에 대해 자부심을 가질 필요가 있다.

사실 네트워크 마케팅 사업을 진행하는 사업자들이 겪는 가장 큰 어려움은 '거절'이다. 스스로 좋은 제품을 써보고 강력하게 추천해도 상대방은 태연하게 거절하는 경우가 많다. 스스로 써본 제품이라 자신감도 있고 제품에 대한 특징도 정확히 설명했는데 거절을 당하면 많은 네트워커가 좌절하고 만다. 거절의 상황에 놓였을 때 '그럴 수도 있지 뭐' 하는 생각으로 훌훌 털고 일어서려면 더욱더 자부심이 필요하다. 좋은 제품을 알아보지 못하는 것은 결코 네트워커의 잘못이 아니다.

어떤 성공자는 "네트워크 마케팅 사업에서 성공하려면 거절을 즐겨야 한다."라고 말한다. 맞는 얘기다. 아무리 성공적인 네트워커도 밥 먹듯이 거절을 당한다. 사람의 상황이나 필요성이 언제나 딱딱 들어맞을 수는 없지 않은가. 그러니 거절을 당하면 마음속으로 '패스'를 외치고 다음 사람을 찾아가면 그뿐이다.

거절을 실패와 동일시할 필요는 없다. 입장을 바꿔 생각해 보라. 여러분이 빵을 먹고 싶은데 국수를 권하면 먹고 싶겠는가? 그렇다. 여러분 앞에 있던 그 소비자는 단지 그때 빵이 먹고 싶었을 뿐이고, 여러분은 그것을 알아채지 못하고 국수를 권했던 것이다. 여러분이 계룡산에서 100년을 수도한 도사도 아닌데 사람의 마음속을 일일이 어떻게 다 꿰뚫어 볼 수 있겠는가. 그러니 거절을 실패로 인식하지 말고 성공으로 향해 가는 과정이라고 받아들이는 것이 좋다.

거절은 그저 하나하나의 경험이자 사례에 지나지 않는다. 그리고 확률적으로 거절을 많이 당해야 성공에 보다 가까이 다가갈 수 있다. 소비자 10명을 만난 네트워커와 100명을 만난 네트워커 중에서 누가 더 많이 거절을 당할까? 당연히 100명을 만난 네트워커다. 그러면 소비자 10명을 만난 네트워커와 100명을 만난 네트워커 중에서 누가 더 '예스'를 많이 받아낼까? 물론 100명을 만난 네트워커다.

그러므로 거절을 그냥 과정으로 받아들여야 한다. 아니, 거절을 많이 당할수록 성공에 그만큼 더 가까워진다는 것을 깨달아야 한다. 너무 흔히 쓰는 말이라 흘려듣기 십상이지만, 진실로 "실패는 성공의 어머니"다.

누가 뭐라 해도 인생의 승리자는 정상에 깃발을 꽂는 사람이 아니겠는가! 진정으로 경제적 자유를 원한다면 거절을 즐기면서 목표를 향해 묵묵히 나아가야 한다.

NETWORK MARKETING *START-UP!*

에필로그
. . . .

　지금 우리에게 필요한 것은 변화와 변혁이다. 그것은 생활 속의 작은 습관을 바꾸는 것으로부터 시작해야 한다. 지금까지의 사고나 습관을 바꾸지 않는다면 제2의 인생은 있을 수 없고 또한 행복과 경제적인 여유도 요원해지고 만다.

　네트워크 마케팅 사업은 분명 선진국에서 약 70년간

시장의 검증을 받아 온 시스템이다. 이미 수많은 사람들이 네트워크 마케팅 사업을 통해 성공했고 지금 이 순간에도 성공하고 있다. 하지만 이러한 사실에도 불구하고 정통 네트워크 마케팅을 모방하는 일부 피라미드 기업의 잘못된 관행으로 인해 여전히 도매금으로 편견과 질시를 받고 있다.

그렇기 때문에 진실을 바라볼 줄 아는 혜안이 그 어느 때보다 절실히 필요하다. 고정관념이라는 웅덩이에서 빨리 벗어나지 않으면 코앞에 다가온 기회를 놓칠 수도 있기 때문이다. 고정관념에서 벗어나는 것은 마음먹기에 달려 있다. 우리의 마음은 수도꼭지와 비슷하다고 한다. 수도꼭지의 냉수 버튼을 틀면 찬물이 콸콸 나오고, 온수 버튼을 틀면 뜨거운 물이 콸콸 쏟아져 나온다.

같은 맥락에서 우리의 마음은 '노(No)'라는 버튼을 틀면 할 수 없다, 불가능하다, 나에겐 무리다 등의 부정적인 인식만 주르륵 흘러나온다. 반면 '예스(Yes)' 버튼을 누르면 좋아, 나도 할 수 있어, 충분히 가능해 등의 긍정적인 생각들이 콸콸 쏟아진다.

우리의 마음속에 어떤 유형의 판도라 상자가 놓여 있

느냐에 따라 우리의 운명은 달라진다. 여러분의 마음속에는 어느 쪽의 판도라 상자가 놓여 있는가.

오랫동안 네트워크 마케팅 업계를 지켜보고 연구 분석해 온 나는 무엇보다 정통 네트워크 마케팅 사업을 하는 네트워커들이 한국 시장에서 당당하게 꿈을 펼치기를 희망한다. 그들이 자신과 주변 사람들의 미래를 위해 진심으로 애쓰고 있다는 것을 알기 때문이다. 그들에게 조금이라도 도움을 주기 위해 내가 선택한 것은 강연과 도서 집필, 강의 테이프 혹은 CD를 통해 정통 네트워크 마케팅의 정당성을 널리 알리는 일이다.

하지만 편견의 골은 여전히 깊다. 나는 네트워커들의 고충을 좀 더 깊이 이해하기 위해 정기적으로 모임도 갖고 많은 대화를 나누기도 하는데, 그러한 접촉을 통해 편견과 고정관념의 폐해가 얼마나 끈덕지게 생명력을 이어가고 있는지 피부로 느낄 수 있었다. 그들의 애로사항을 듣다 보면 가슴이 답답해지기도 하고 네트워커들이 애처롭기도 하다.

특히 나를 비롯해 수많은 네트워커를 마음 아프게 하는 애로사항이 충분히 예방할 수 있는 일이라 안타까움이 더하다. 대표적으로 네트워크 마케팅에 대한 정확한 이해가 선행되지 않은 상태에서 회사를 선택한 다음, 사업에 뛰어들어 애를 쓰다가 주변 사람들로부터 욕만 먹고 시장을 떠나는 사람이 너무 많다. 최소한 기본 개념만 익혀도 이런 안타까운 사례는 대폭 줄어들 것이다.

이에 따라 나는 시장의 조속한 안정과 피해자 발생 사례를 조금이라도 막아 보겠다는 소박한 소망을 담아 그동안의 경험과 관찰한 내용을 중심으로 기본 개념을 엮어 보기로 했다. 네트워크 마케팅 사업의 기본 개념을 담은 이 책은 정말 쉽고 간단하다. 네트워크 마케팅 사업의 기본 개념에 한 사람이라도 더 쉽게 접근할 수 있어야 긍정적 사례를 하나라도 더 늘릴 수 있을 거라 생각했기 때문이다.

책을 마무리하면서 더 많은 연구 과제가 남아 있음을 느낀다. 앞으로도 지속적으로 네트워커들과 함께 고민하며 그들에게 희망과 성공의 길을 안내할 수 있도록 더욱 노력할 계획이다.

이 책이 더욱 합리적인 네트워크 마케팅 사업의 정착에 일조할 수 있기를 바란다. 또한 이 사업을 정확히 분

석하고 열정적으로 사업을 전개해 보다 많은 성공자가
배출되는 데 작으나마 보탬이 되길 희망한다.

지은이 이영권 박사

이영권 박사는 최고의 스타강사로 SK 상사 사장실장 및 홍보담당
이사, (주)이미지네이션의 대표이사, 동양화재 경영자문위원 등
을 역임하면서 25년 동안의 경험과 이론적인 배경을 바탕으로 경
제, 경영 뿐 아니라 독창적인 성공 · 처세에 관한 강의와 방송을
진행하고 있다.

약 력
연세대학교 경영대학원 경영학 석사
뉴욕 New School에서 경영학 과정 수료
명지대 경영대학원 경영학 박사
SK상사 뉴욕지사 근무, 홍보담당 이사 역임
서울대, 홍익대 경영대학원에서 국제경영학 강사 역임
명지대학교 겸임교수 (現)
세계화전략연구소 소장 (現)
KBS2TV '생방송 세상의 아침' 경제 패널
KBS2 라디오 '이영권의 경제포커스' 진행자 (現)
KBS1TV '월드넷' 고정패널(現)
매일경제TV 'MBN 경제매거진', '성공예감 우먼 & 우먼' 진행자

저 서
『열심히 일해도 가난해지는데는 이유가 있다』
『커뮤니케이션 에세이』
『내 인생 최고의 멘토』
『편지로 시작하는 아침』
『세계가 보인다, 경쟁력이 보인다』
『이영권의 경제포커스』
『사이드 잡 더블 잡』
『경제를 읽으면 비즈니스가 즐겁다』
『한국경제의 대안, 왜 네트워크 마케팅인가?』외 다수.

네트워크마케팅, 스타트-업!

1판 1쇄 찍음 2010년 10월 14일
1판 7쇄 펴냄 2018년 1월 10일

지 은 이 이영권
펴 낸 이 배동선
           마케팅부/최진균
           총무부/허선아
펴 낸 곳 아름다운사회
출판등록 2008년 1월 15일
등록번호 제2008-1738호
주   소 서울시 강동구 성내동 419-28 아트빌딩 2층 (우: 05403)
대표전화 (02)479-0023
팩   스 (02)479-0537
E-mail assabooks@naver.com

ISBN : 978-89-5793-168-4 03320
값 5,500원